修《しゅ》証《しょう》義《ぎ》を読む

幸福《しあわせ》への道しるべ

荒崎良徳

国書刊行会

序

「しあわせ」という言葉があります。これを、漢字で書こうとすると、「幸せ」「倖せ」「幸福」の三つが考えられます。テレビの歌番組などで、画面の下に歌詞のテロップが出たりしますが、注意して見ていると面白いものです。特に演歌の歌詞には「しあわせ」という言葉がよく使われているので興味深く眺められます。

「幸せ」……

幸せの「幸」という字は、もともと、若死にしないで長く生きたいという願いを表す文字でした。

「幸」は二つの文字から成り立っています。「夭」と「屰」が組合わさって「幸」になったのです。「夭」は、夭折《ようぜつ》という言葉が示すように、幼くして死ぬことを意味します。「屰」は、しんにょうを加えると「逆」という字になり、意味は、「逆らう」です。

昔、医学や衛生知識が発達していなかったころ、人間の最も大きな願いは、若死にしないで長生きしたいということでした。そして、それが叶《かな》うことを「しあわせ」と考えていたのです。

今、その願いは叶えられて、日本は長寿国家となり、日本人は長寿民族になりました。しかし、それは肉体的に長時間生きているだけのことで、社会のあらゆる面で混乱が続き、お先真っ暗というのが正直なところです。つまり、精神的には決して長寿国家でもなければ長寿民族でもないということです。

これは、なりふりかまわず、何をしてもいいから、自分さえ長生きできればいい、それが「しあわせ」だという考えにそそのかされてのことだろうと思います。

「倖せ」……

この「倖」を漢和字典で調べますと、「不相応な幸い。こぼれざいわい。思いがけない幸運。もっけの幸い。まぐれ当たりの幸い」などとなっています。「僥倖《ぎょうこう》」という言葉も連想されます。演歌の歌詞などで「倖せ」と書かれたのを読みますと、何となく苦笑してしまいます。

「幸福」……

「福」には、神仏の加護を信じて、それを感謝するという意味があります。従って、「幸福」

とは、若死にもせず長生きできたのは神仏のお蔭であると手を合わせた「しあわせ」ということになります。広く解釈すれば、世の中すべてのお蔭で生きさせていただいているという喜びをしみじみと感ずることが「しあわせ」なのです。

現在、私たちの日本という国は、未曾有といわれる豊かさと繁栄の真っ只中にあります。しかし、それは物質面に限ってのことであり、精神面においてはどん底の貧困状態に陥《おちい》っています。連日のように報道される醜悪極まりない事件の数々がそれを物語っています。これは、ひとえに「幸せ」だけを追い求め、「幸福」を忘れ果てたせいだと思います。このまま放置しておけば、精神面の貧困は更に悪化して、取り返しのつかない「一億総餓鬼《がき》」の地獄国家に陥ってしまうことは明白です。

そんな悲しいことにならないように、真実の幸福《しあわせ》への道しるべとしての『修証義《しゅしょうぎ》』を、一人でも多くの方に読んでもらいたいと念じつつ、この書物を書きました。是非、愛読されますよう、心からお願い申し上げます。

◯

前以て、お断りしておきたいことがあります。それは、『修証義』という題名の説明を、敢えて、最後の章に書かせていただいたということです。理由は「修証」ということの意味は、とても深いものであり、『修証義』を順を追って読んでいただかなければ、真意をつかむことは難しいと考えたからです。

本来、経典の理解は、その経典の題名を理解すること（解題《かいだい》といいます）から始めるのが常道ですが、本書は敢《あ》えてそれに逆らい、最終章で行いました。

理由は、「修証《しゅしょう》」という言葉の理解は、この『修証義』を順を追って読んでいただくことによって、より確実にお解りいただけるものと考えたからです。

平成十二年十月十日

荒崎良徳

『修証義を読む——幸福への道しるべ——』＊目次

目次

はじめに

修証義《しゅしょうぎ》とは……

曹洞宗には「曹洞宗宗憲《そうとうしゅうしゅうけん》」という定めがあります。国家でいえば憲法に相当する根本の定めです。他にもさまざまな細かい規則が定められていますが、それらは全てこの「曹洞宗宗憲」に基づいて定められています。

その「曹洞宗宗憲」の第五条です。

「本宗は、修証義の四大綱領に則《のっと》り、禅戒一如《ぜんかいいちにょ》、修証不二《しゅしょうふに》の妙諦《みょうたい》を実践することを教義の大綱とする」

これを要約して分かりやすくいえば、

「曹洞宗は『修証義』に示されていることを実践する宗派である」ということになりましょう。

つまり、曹洞宗に帰依《きえ》し、曹洞宗に属している僧侶も檀家も信者も、すべて修証義の通りに生きてゆかねばならない、ということです。

と、いささか堅苦しい書き出しをしましたが、「修証義」の内容は決して難しいものでもなければ堅苦しいものでもありません。言葉遣いは道元禅師さまのお言葉そのものですから、極めて格調が高いというものの、丁寧に読めばよく解る文章です。別の言い方をすれば、とても美しい純粋の日本語で綴《つづ》られた文章ということになります。

また、内容を考えてみますと、真実の幸福《しあわせ》を得るための手引書として、これ以上のものはないとさえ思われる書物です。日常、誰にでも容易に実践できる徳目を、基礎から順を追って示してくれます。安心して身を任せ、指示された通りに心を整えていくならば、真実の幸福《しあわせ》は決して遠い世界のことではなくなると思います。どうか繰り返し読んでいただいて、一人残らず真実の幸福《しあわせ》にたどり着いて下さいますように、お願い申し上げます。

修証義以前……

修証義は、道元禅師さまがお書きになられた『正法眼蔵《しょうぼうげんぞう》』の中から、一般の人々にも分かりやすい内容の文節を選び、編集された書物です。

母胎となっている『正法眼蔵』は九十五巻に及ぶ厖大《ぼうだい》なものであり、また、かなりの部分が修行僧に対して述べられたものであるために、非常に高度且《か》つ濃密な哲学・文学書ですから、不用意にページを開きますと、何が書いてあるのか、さっぱり解りません。坐禅に親しみ、法華経を熟読して、ようやく糸口をつかむことができる書物です。曹洞宗の教えを信奉する人ならば、何とかしてこの『正法眼蔵』を読んでほしいと心の中で願いますが、簡単にお勧めできないというのが正直なところです。不甲斐《ふがい》ないことですが、わたし自身も解らないところがいっぱいあります。

その難解な『正法眼蔵』の中から、一般の方々にも分かりやすい文節を選び、在家のまま、つまり出家しなくても真実の幸福《しあわせ》にたどり着くことを目的として編集されたのが「修証義」です。ですから、ある意味では、「修証義」は『正法眼蔵』の一般向けダイジェスト版ということができるかも知れません。

この編集作業が行われたのは、実は、明治時代に入ってからのことなのです。つまり、日本が近代という時代の風に吹かれて、ようやく誕生したのが「修証義」ということになるわけです。

というわけで、大切な「修証義」を読み、理解するためには、まず「修証義」以前の曹洞宗、ひいては仏教の姿を知っておく必要があると思います。つまり、何故に「修証義」という書物が編纂されねばならなかったのか、という問題を解くことによって、「修証義」の使命を知ろうというわけです。

江戸時代、徳川幕府は自らの権威・権力を維持するために、巧妙な思想管理を行いました。

誕生・冠婚など人生の節目の祝い事には日本古来の神道に従い、生きている間の生活規範としては儒教の教えに従い、そして、死と死後のことに関しては仏教の教えに従うように奨励《しょうれい》したのです。

現代、外国の人々から見て、日本人の宗教観は不可解であるといわれています。ただ一人の神を深く信じているキリスト教徒やイスラム教徒からみれば、全く謎としか思えないでしょう。七五三や厄払《やくばら》いに神社に詣《もう》で、結婚式はキリスト教会で行い、葬式はお寺でやってもらいます。また、新年には神社に初詣でし、お彼岸やお盆にはお寺にお参りし、十二月に入ると全国的にクリスマスツリーが無駄な電力を消費し、アルバイトのサンタクロースが飛び回ります。善く言えば「おおらか」、悪く言えば「無節操」なのが日本人の宗教感覚でしょう。そして、こんな現象を形作った原因の一つは、江戸時代の思想管理の後遺症に違いありません。

仏教の立場から、この後遺症を考えてみますと、本来どのように生きていったらいいかということを命題としているはずの仏教が、いわゆる「葬式仏教」「死者のための仏教」として格付け?され、また、仏教者自身それに甘えてしまって疑いもしないという現状に落ち込んでいます。

江戸幕府が庶民に対して掲《かか》げた、生きるための指針としての儒教は、五倫《ごりん》・五常《ごじょう》を説きます。五倫とは「人として守るべき五つの道。すなわち、君臣の義、父子の親、夫婦の別、長幼の序、朋友の信をいう（広辞苑）」、また、五常とは「人の常に守るべき五つの道徳。仁《じん》・義《ぎ》・礼《れい》・智《ち》・信《しん》（広辞苑）」です。

この五倫・五常を眺めてみますと、社会の秩序を保っていくためには、利用価値充分の徳目であることが分かります。為政者は、この徳目に従う者を善、反する者を悪と断定し、善を勧め悪を懲《こ》らしめていくならば、社会の秩序は容易に保つことができます。また、民衆自身もその徳目を生活の規範とすることによって、社会の中で安全に生きていく知恵を身につけることができます。

しかし、この五倫・五常は倫理・道徳の範疇《はんちゅう》に属するものであり、自分を律することはできても、自分を問い続けることはできません。

自分自身を徹底して問い続けるならば、そこに見えてくるのは自分の小ささと、その小さな自分を生かしてくれている大宇宙の大きさです。そして、その大宇宙に帰依《きえ》（南無）することによって、真実の安らぎを得ることができます。この大宇宙を、人は「仏」と呼び、「無量光仏《むりょうこうぶつ》」「無量寿仏《むりょうじゅぶつ》」「阿弥陀仏《あみだぶつ》」「妙法蓮華経《みょうほうれんげきょう》」と称するのです。つまり、仏教・宗教のはたらきです。

以上のことをまとめてみますと、江戸時代には倫理・道徳は栄えたけれども、宗教・仏教はほんとうのはたらきができなかった、ということになります。

修証義の誕生……

明治維新を迎え、近代化の歩みを始めた日本は、さまざまな改革を行いました。政治・経済・教育・文化など、あらゆる面でヨーロッパ諸国を見習い、革命とも受け取れるような改革を次々に実施しました。

そんな激しい流れの中にあって、仏教も変化せざるを得なくなります。先ず訪れたのは、世にいう「廃仏毀釈《はいぶつきしゃく》」の嵐です。多くの寺が壊され、たくさんの仏像が破壊されました。更に、神道を中心に据《す》えた明治政府は仏教の排斥《はいせき》を行い、寺院の所有する土地財産を次々に没収しました。

この受難の嵐は明治八年ごろにようやく沈静化しますが、それを機として、曹洞宗の心ある僧侶の中に「民衆教化」「布教」の重要性を認める気運が芽生え始め、さまざまな布教指導書が本山や宗務局（現在の宗務庁）から刊行されるようになりました。

しかし、多くの一般僧侶は旧態依然《きゅうたいいぜん》としており、その動きには全く無関心でした。これには曹洞宗自体が有していた体質にも原因があることは否《いな》めません。それは、昔から曹洞宗にはキリスト教や浄土真宗のように民衆に対して説教して布教するという風習がなかったからです。

数ある宗派の中で、曹洞宗は出家仏教をたてまえとしてきました。家庭を捨て、妻を娶《めと》らず、厳しい戒律を守り、坐禅ひとすじの修行を生涯続けることが曹洞宗の僧の生き方でした。いわば、釈尊時代の仏教に最も近い宗派だったのです。このことは、民衆の教化よりも自分の修行を優先させる小乗仏教に近い姿であり、いきおい、弁舌による布教などを軽視する風潮を作り上げることになりました。そして「説教などしなくても、坐禅によって整えられた後ろ姿を見せることが民衆教化であり、隅々まで掃《は》き清められた寺院の中で行われる厳格荘重《げんかくそうちょう》な読経・法要などの儀式によって民衆の帰依《きえ》を得ることができる」という伝統を育て上げてきました。

それはそれで、たいへん結構な伝統と称すべきですが、新しい時代を迎えて、積極的に仏教や禅を広めなければならないときに、その伝統だけに固執することは許されないことでした。

そこで、宗務局（現在の宗務庁）は、積極的な民衆教化布教の指導書として、『修証義《しゅしょうぎ》』を編纂・公布することを企画し、実施したのです。時は明治二十年のことでした。

大内青巒居士《おおうちせいらんこじ》……

『修証義』を編纂するに当たっては、さまざまな経緯《いきさつ》があり、また、多くの人たちが関わってきたことは当然のことです。しかし、その一部始終を記すことは残念ながら紙面の関係で不可能です。でも、その仕事の中心となって働かれた「大内青巒居士」のことだけは書いておきたいと思います。

大内青巒居士（一八四五〜一九一八）（居士《こじ》とは出家しないで仏道を修行する人の称号）は、仙台の人で曹洞宗の檀家でした。仏教全般に通じ、西本願寺の法主《ほっす》の教師になったこともあり、また、永平寺貫首の相談にあずかったこともありました。仏教興隆のために力を尽くし、信望の厚い人であったようです。

居士は、曹洞宗の檀家に対する布教の在り方として「浄土真宗のように南無阿弥陀仏を唱えて浄土往生を願うよう指導すべきである」と主張されたこともありました。その理由は、「坐禅による仏教体得は二十年三十年と修行を続けなければならない。これは在家信者には不適当である」と考えられたからです。

この考えは、一時受け入れられましたが、すぐに反対され撤回《てっかい》されたようです。わたしの密《ひそ》かな思いでは、その撤回を心から残念に思い、口惜しく思います。今、曹洞宗で何が最も不足しているかと問われたならば、わたしは躊躇《ちゅうちょ》せずに「熱烈な信仰心」と答えます。浄土真宗の人々のような熱い信仰心です。もし、居士の撤回がなかったならば、曹洞宗の教えはもっとたくましく成長していたに違いないと心から残念に思うのです。

以後、居士は『正法眼蔵』を七回精読し、改めて、曹洞宗の信仰のありようを求められます。そして、ようやく到達されたのが五章からなる『修証義』なのです。

あらまし

授戒会《じゅかいえ》……

授戒会とは、曹洞宗の在家を中心とした最大にして最重要な行事です。その趣意は、授戒会という名称の通り、檀信徒の方々に仏さまの戒《いまし》めを伝え授け、真実の仏教徒になっていただくために行われます。内容は、檀信徒の方々に七日間寺に泊まりこんでいただき、俗世間から離れた清浄な生活の中で朝夕仏さまを礼拝し、自らを深く省みていただきます。そして、清浄無垢《しょうじょうむく》の心境に至ったとき、戒師《かいし》さま（多くの場合、本山の禅師さま）から仏さまの戒めを戴き、その証明として戒名《かいみょう》を授けられます。

とても有り難い行事であり、曹洞宗に帰依していて良かったと、しみじみ思うことのできる七日間です。そのせいか曹洞宗に関係のある方は、「授戒会」と呼び捨てにしないで、「お授戒《じゅかい》」と称し、懐かしみます。

雲龍寺では、先代住職の時代、四回ほど勤めましたが、わたしの代になってからは、さまざまな事情のため一度も勤めておりません。

第一に現代のように多忙な時代では、一週間も家を留守にして寺に泊まりこめるような方は極めて少なくなったということ。第二に核家族化に少子化、そして、共稼《ともかせ》ぎが一般的になり、これも寺に泊まりこむことの支障になっているということ。また、百人前後のお坊さんの助力を必要とし、そのお礼を中心とした経費が巨額であること、などの事情です。勤めたいという気持ちは充分にありますが、何分にもこのような事情では思いは叶《かな》いそうにもありません。

しかし、大本山永平寺・大本山總持寺では、毎年春秋の二期にきちんと勤められ、また、地方の大きな寺院でも時折勤められていますから、戒名を授かりたいと願われる方は、大本山永平寺・大本山總持寺などの授戒会に是非参加下さるようお薦めしています。

授戒会と修証義……

『修証義』の解説に入る前に、なぜ授戒会のことを記したかと申しますと、修証義の構成が授戒会の趣意に従っていると思われるからです。つまり、授戒会の七日間に教示される仏法の真意も、また、教示する手順も、五章にわたる修証義の内容と構成に極めて類似しているのです。

これは当然のことで、修証義が編纂されたときに根本方針として考えられたことは、曹洞宗をお開きになった道元禅師さまの在家《ざいけ》（出家しない一般の人々）に対する布教理念に適《かな》うものにしたいという願いであったからです。

曹洞宗はもともと出家を中心とする教団でした。家を捨てて出家し、厳格な修行に明け暮れる僧堂生活が曹洞宗そのものであったわけです。しかし、民衆はそのような修行で磨《みが》かれた高い人格の僧を慕《した》い、帰依し、教えを乞うようになります。その求めに応えて、民衆・在家に対する教化が行われるようになりました。

道元禅師さまは、その教化の在り方として授戒会をお考えになり、ご自身も度々授戒会をお開きになったと伝えられています。永平寺をお建てになる前、十一年間過ごされた宇治の興聖《こうしょう》寺《じ》などで二千余人の人々に授戒されたといわれます。

この伝統は、以後、連綿《れんめん》として伝えられ、授戒会を勧めることが曹洞宗の布教・教化の中心となり、特に江戸時代中期以降、盛んに行われました。

以上のような経緯《いきさつ》を踏まえて、曹洞宗の教義・布教の大綱である修証義が編纂されたわけですから、修証義が授戒会の趣意に沿っているのは、ごく自然な姿と言えましょう。

修証義のあらまし……

修証義は五章から成り立っています。

第一章総序《そうじょ》・第二章懺悔滅罪《さんげめつざい》・第三章受戒入位《じゅかいにゅうい》・第四章発願利生《ほつがんりしょう》・第五章行持報恩《ぎょうじほうおん》の五章

です。

この構成を見ますと、実に合理的であり、簡素な中にも充分意を尽くした、素晴らしい教典だとしみじみ感じ入ります。

他の宗派にもさまざまな教典（経典と区別します。経典はあくまでも釈尊の教えを記したものであり、それ以外の祖師方の書き遺されたものは教典と考えます）があり、その一つ一つは実に立派なものです。例えば浄土真宗の『教行信証《きょうぎょうしんしょう》』や『歎異抄《たんにしょう》』、浄土宗の『一枚起請文《いちまいきしょうもん》』や『播州問答《ばんしゅうもんどう》』、日蓮宗の『立正安国論《りっしょうあんこくろん》』や『開目抄《かいもくしょう》』など、優れた教典が数多く並びます。すべて、宗派などに関係なく、日本人全体の精神的財産だと思います。勿論《もちろん》、その優劣は付けようがなく、また、優劣など論じてはいけないと思います。

とは言いながら、「誰にでも明快に分かる順序を追いながら簡潔明瞭に人間の生き方を教示した教典」という基準で計るならば、修証義が最も優れていると思います。

これも当然のことで、他の祖師方の教典がそれぞれの時代にお書きになられたそのままを現代まで伝え読んでいるのに対して、修証義は明治時代、近代的思考に基づいて編纂されたからだと思います。いわば、近代人の感覚に沿って仏法が展開されているのです。

といっても、道元禅師さまを離れて新しい理論を創作したというのではなく、道元禅師さまが大切にされていた授戒の心を、道元禅師さまのお言葉である正法眼蔵の語句に依って綴《つづ》ったのが修証義なのです。

五章のあらましを紹介します。

第一章総序《そうじょ》では、先《ま》ず、自分自身という人間を直視《ちょくし》し、深く尋《たず》ねてみることを促《うなが》します。すると、見えてくるものは自分自身というかけがえのない存在であり、人間として生をうけた自分自身の尊さです。と同時に、大宇宙の真理（これを『仏法』と称します）に出会うことがいかに難しいかということが分かってきます。

次に、せっかく人間として生まれ、ようやく仏法に出会えたとしても、一旦《いったん》、無常の風が吹いたならば消え去ってゆかねばならない定めであることが示されます。そして、そのときに付き従ってゆくものは、生きているうちに行ってきた行為（業）の報いだけであることが説かれます。更に続けて、この法則（原因があって結果があるという鉄則）を心に刻むことが大切であると教えます。

第二章懺悔滅罪《さんげめつざい》では、意識して、或いは無意識のうちに犯してきた数々の罪禍《つみとが》を消滅させ、清浄無垢《しょうじょうむく》の身に生まれ変わる法が示されます。

先に述べた「授戒会」の五日目に行われる儀式を懺悔《さんげ》の式といいます。本文の解説で細かく説明しますが、私たちが正しく生きていくためには、何といっても懺悔の心が基本となっていなければなりません。これを忘れると小さく貧しい生き方しかできません。そのことを授戒会でも重視し、修証義でも明確に示します。

第三章受戒入位《じゅかいにゅうい》では、清浄無垢になった心で、仏さまの数々の戒《いまし》めを頂戴することが説かれます。

ここで示される戒めのほとんどは、曹洞宗や仏教という立場を超えて、人間として社会の中に生きていくためには、心して守らなければならないことばかりです。いわば、大宇宙の中で生存していくための羅針盤《らしんばん》ともいえる教えです。いわゆるモーゼの十戒にも、共通する戒めがいくつか存在することを考えると、「人間としての基本的ルール」と称してもいいのではなかろうかと思います。

授戒会では六日目に行われ、仏戒《ぶっかい》を受けた方々を、戒師さま（多くは本山の大禅師さま）が拝んで下さるという感動的な儀式が厳粛《げんしゅく》に勤められます。

第四章発願利生《ほつがんりしょう》では、仏さまの戒めをいただいて仏教徒になったからには、自分ひとりだけの幸福《しあわせ》にとらわれず、生きとし生けるものすべてのために心を尽くし汗を流すことの大切さが説かれます。要約していえば、大乗仏教徒としての生き方です。

社会に伍して生きていくためには、お互いに助け合い、譲り合って生きてゆかねばなりませんが、それが打算や駆け引きであった場合、必ず破綻《はたん》をきたします。争いであり戦争です。その悲劇に遭遇しないように、助け合いも譲り合いも、仏さまの教えられる心で行うべきです。その心を四カ条（四摂法《ししょうほう》）にまとめて示してあります。

第五章 行持報恩《ぎょうじほうおん》では、第一章から第四章までに述べられた大宇宙の真理・仏法に巡り会えたことを心から喜び、その喜びを毎日の生活の中に生かしていくことの大切さを示します。

授戒会では「血脈《けちみゃく》」というものを頂戴しますが、これは仏戒を受けて真実の仏教徒になったという証明書です。その中身はいわば系図で、釈尊から代々のお祖師さまの名が続き、その最後に仏戒を受けた人の名前が記されてあります。そして、その系図は一本の赤い線で繋《つな》がっており、最後の人の線は再び釈尊に戻っています。つまり輪のような線の上に釈尊も達磨《だるま》大師も道元禅師も、そして、たった今仏戒を受けたばかりの人の名も、平等に並んでいて、差別など全くない真実の仏教の姿が系図として示されているのです。第五章の終わりは、その血脈の心を尋ねなさい、という形でしめくくられています。

以上が「修証義」のあらすじです。あらすじだけ読んでいただいても、宗派などを超越して、人間としての生き方が順序を正しく示されている教典であることが納得いただけたと思います。そこには無理もこじつけも詭弁《きべん》もありません。素直に読んでいただくならば、これ以上の仏教手引書はないと思います。

次章から、順を追って一句一語を尋ねて参ります。どれだけの長さになるか皆目分かりませんが、どうぞ、最後までお付き合い下さるようお願い申し上げます。

修証義は古鏡の教典……

経典や教典の戴き方には「護呪《ごじゅ》」と「古鏡《こきょう》」という二つの戴き方があります。

護呪とは、経典のもつ神秘的な力にすがり、国家や人々の繁栄を祈ったり、故人の冥福を祈ったり、また、悪霊《あくりょう》を退散させたりするために読誦や写経をする戴き方です。小泉八雲先生の小説「怪談」に登場する「耳なし芳一」などが顕著な例です。お葬式やご法事の読経もこれに入ります。いわば、祈りのための戴き方です。

一方、古鏡とは、経典や教典に書かれてある内容と自分自身の生き方を照らし合わせ、正しく生きるための指針として読む戴き方です。本来、経典というものは、釈尊が私たちのために、真実の幸福《しあわせ》について話された内容を記録したものですから、その経典や祖師の教典を鏡にして、自分自身のありのままを写してゆけば、より真実の幸福《しあわせ》に近づくことができるわけです。

無論、一つの経典でも、時と場合によって、護呪として読んだり、古鏡として学んだりします。般若心経や法華経などがそうです。

修証義は古鏡として読むべき教典です。しっかり磨いて、しっかり写して、充実した人生を築きましょう。

第一章 総序

生と死と（第一章総序・その一）

仏（ブッダ）とは……

修証義第一章は、

『生《しょう》を明《あき》らめ死を明らむるは仏家《ぶっけ》一大事《いちだいじ》の因縁《いんねん》なり』

の有名な一節から始まります。

この、わずか二十二文字の中に、わたしは仏教の目的の総《すべ》てが語り尽くされていると思っています。別の言い方をすれば、これほど簡潔に仏教の目的を示している文章はないと思うのです。

この二十二文字の中で、先《ま》ず、しっかり理解しておかねばならないのは、「仏家《ぶっけ》」という語だと思います。「家」というのは中国の春秋戦国時代に活躍した「諸子百家」の「家」と同じ用法（儒家・道家など）で、一つの考え方のもとに集まった集団という意味です。ですから、仏家とは釈尊《しゃくそん》の教えのもとに集まった人々・仏教者・仏教徒ということになります。つまり、私たちのことです。

問題は「仏《ぶつ》」の正しい解釈です。一般には、仏といえば寺院や仏壇に祀《まつ》られている釈尊やたくさんの如来《にょらい》さま菩薩《ぼさつ》さま（観音さまや地蔵さまなど）などを指し、一方では死んだ人のことを称します。つまり、私たちのように生きている生身の人間に対して、超人間的な存在か、もしくは死後の人間を「仏」と称して、敬ったり恐れたりしているのが大多数の人々の考え方のようです。

この考え方は、ある意味では正解だと思います。しかし、仏教の基本的理念に照らし合わせてみた場合、大きな誤解を含んでいることが判明します。極端な言い方をすれば、現代の仏教は、その大きな誤解を是正しないままに構築されている、歪《ゆが》んだ部分の多い存在だと言えます。

「仏《ぶつ》」という言葉は、サンスクリット語やパーリー語（インドの古い言葉）の「ブッダ」を語源とします。それを中国の翻訳僧が漢字に当てはめて「仏陀《ぶっだ》」或いは「仏《ぶつ》」と表記したのです。中国の翻訳僧は、経典を翻訳する場合、内容が極めて高度で濃密な語については、あえて中国語に直さないでサンスクリット語やパーリー語の発音だけを漢字の音に当てはめて表記したようです。例えば、般若《はんにゃ》（パーリー語のパーニャ）や波羅蜜多《はらみた》（サンスクリット語のパーラミータ）、僧伽《そうぎゃ》（同、サンガ）などです。

仏陀（ブッダ）も同様です。従って、仏という文字をどれだけ考えても、ほんとうの意味は解りません。もっとも、仏の旧字体である「佛」について、「にんべんは人を表し、つくりの弗は否定の意味をもっているから、佛は人にして人に非ずという意味だ」という説もあるようですが、何となく無理なこじつけのようで賛成できません。

「仏陀」「仏」の語源である「ブッダ」は、「目覚めた人」「覚者《かくしゃ》」或いは「真理を覚《さと》った人」という意味をもつ言葉です。つまり、総ての迷いから目覚めて大宇宙の真理を悟った人が「仏」なのです。そして、人類の歴史の中で、一番最初に「仏」になった人、言い換えれば、苦の根源である総ての迷いから目覚め、人類最初の悟りを得た人が釈尊なのです。

釈尊は、「生きることの苦しみ」「年老いていく苦しみ」「病いの苦しみ」「死ぬ苦しみ」から何とかして逃れようとお考えになり、家庭を捨てて出家され、六年に及ぶ修行の末、見事に目的を達せられました。つまり、苦しみの根源を見きわめられ、その根源を断って苦しみを消滅させてしまう道をお悟りになったのです。

これは素晴らしいことです。私たちが最も嫌う「苦しみ」を消滅していただけるなど、こんな嬉しいことはありません。別の言い方をすれば、私たちが願ってやまない真実の幸福《しあわせ》への道を、はっきりと示して下さったのです。これ以上の喜びはありません。

というわけで、わたしは「仏」という言葉を「真実の幸福《しあわせ》を得た人」と訳し、「仏教」という言葉を「真実の幸福《しあわせ》を得るための教え」と訳したいと思うのです。行き過ぎだと非難されても一向にかまいません。そんな訳し方をしなかったからこそ、仏教は、「暗い」とか「寂《さび》しい」とか「陰気《いんき》だ」などという、間違ったイメージを背負わされたのだと思うのです。

仏教はもともと明るくて楽しい教えです。第一、釈尊がお悟りをお開きになったとき、「偉《い》なる哉《かな》、偉《い》なる哉《かな》、山川草木悉皆成仏《さんせんそうもくしっかいじょうぶつ》（素晴らしいな！　素晴らしいな！　すべてが真実の幸福に光り輝いてみえる！）」とおっしゃったと伝えられています。一日も早く、その光り輝く明るいイメージを取り戻したいものです。

一大事《いちだいじ》の因縁《いんねん》……

次に「一大事の因縁」について説明します。

この語の意味は、端的にいえば「最も大切な目的・理由」ということです。「最重要課題」とまとめあげてもかまわないと思います。

大切なことは、この語がここに用いられていることの意味です。

もともと、この「一大事の因縁」「一大事因縁」は法華経に出ている有名な語です。法華経第二章『方便品《ほうべんぼん》』で、釈尊は舎利弗《しゃりほつ》尊者に対して次のように説かれます。

「もろもろの仏は、ただ一大事因縁のためにこの世に出現するのだ。その一大事因縁とは、すべての人々に仏知見《ぶっちけん》（諸法実相の理を明確に知る仏の智慧）を開かせ、示し、悟らせ、それに入らせたいと望んでいることだ」

分かりやすくまとめてみますと、「仏がこの世に出現する理由（一大事因縁）は、人々に仏の智慧を伝えて、真実の幸福を得させようと願っているからなのだ」ということになりましょう。

道元禅師さまのお書きになられた書物、特に『正法眼蔵』には、法華経からの引用が数多く見られます。紀野一義《きのかずよし》先生は「法華経を読んでおかないと、正法眼蔵は理解できない」とまでおっしゃいます。それほど道元禅師さまと法華経は深い繋《つな》がりがあり、道元禅師さまの思想は法華経に裏打ちされていると言っても過言ではないと思います。（詳しくは、拙著『法華経を拝む』をお読み下さい）

以上のような思いをこめて、「仏家一大事の因縁なり」の語を噛《か》みしめ味わってみると、この語の重さがしみじみ伝わってくると思います。

生を明らめ死を明らむ……

さて、冒頭の大切な語句に戻ります。

わたしは、この語句に接する度に、弘法大師《こうぼうだいし》（空海《くうかい》）のお書きになった『秘蔵宝鑰《ひぞうほうやく》』の序を思います。そこには、

生生生生暗生始（生まれ生まれ生まれ生まれて生の始めに暗く）

死死死死冥死終（死に死に死に死んで死の終わりに冥《くら》し）

という深遠な言葉が記されてあります。

以前、北大路欣也《きたおうじきんや》さん主演の映画『空海』を観ましたが、そのラストシーンで、臨終を迎えた空海がこの語を遺言として低声で唱える場面がありました。演出とはいえ、深く胸を打つものがありました。

この「生まれ生まれ生まれ生まれて生の始めに暗く、死に死に死に死んで死の終わりに冥《くら》し」について、平井有慶《ひらいゆうけい》先生は次のように解釈して下さいます。

「人はみな生まれることを繰り返し、死ぬことを繰り返しているが、しかも生死のもつ本質的意味にめざめることをしない、愚かな繰り返しにすぎないのである」

そして、

「この文言《もんごん》は、生死を超えて真理を追究しようという意志の表明とも言える」

と注釈していらっしゃいます。

修証義冒頭の「生を明らめ死を明らむ」の真意は、この弘法大師空海の深遠な文言と軌《き》を同じくするものではなかろうかと思います。

ほとんどの修証義注釈書と、ほとんどの布教師は、この「生を明らめ」について「生きることの意義を明らかにし」と説いていています。それはそれで間違いではないと思いますが、わたしはもっと厳しい根源的な問題提起に思われてならないのです。つまり、「生」を「生きること」とは考えないで「生まれること」と受け取り、「生まれることとの意義」として考えたいのです。

今日、現実的・具体的な問題として、遺伝子の操作やクローン生物、人工受精、或いは、妊娠調節や中絶のことなど、「生まれること」を巡《めぐ》っての問題は山積しています。

そして、それに対する「死ぬことの意義」についても、脳死や臓器移植、安楽死や尊厳死の問題など、ゆるがせにできないことがたくさんあります。

その一つ一つに真剣に向き合い、徹底して「いのち」の真実を追い求め、「いのち」の真実に近づくことが「生を明らめ死を明らむ」ことのありようの一つだと思うのです。

また、純粋に宗教的な立場に立っても、「生まれること」「死ぬこと」の意義は重大です。例えば禅で問われる「父母未生以前《ぶもみしょういぜん》の本来《ほんらい》の面目《めんもく》（父母から生まれる前の本来の姿）」です。どこから来てどこへ去って行くのかと自分自身に問い続け、すべての「いのち」にしっかりと向き合うことです。弘法大師空海の深遠な言葉は、まぎれもなくそのことを私たちに問いかけています。

また、立場を変えて、「輪廻転生《りんねてんしょう》」の問題も重要です。チベット仏教の『死者の書』を、テレビでご覧になられた方も多いと思います。臨終を迎えた人の耳元でチベット僧が懸命に経を読み、再び人間に生まれ変わるように祈ります。そして、その祈りは死後四十九日の間続けられます。

あの映像を見て「迷信だ」「非科学的だ」と批判することは簡単なことです。しかし、批判すると同時に、自分自身に対して「あのチベットの人たちに勝《まさ》る生・死への真剣な思いが自分にあるだろうか」と問いかけることも必要です。その問いかけの伴わない批判は、決して正しい批判ではないと考えます。

まとめ……

以上述べて参りました項目を綴って、修証義冒頭の「生を明らめ死を明らむるは仏家一大事の因縁なり」を現代風に言い換えてみますと、**「真実のいのち、そして、そのいのちを与えられた自分という存在について、絶えず思いを巡らし続けていくことこそ、真実の幸福《しあわせ》を求める者に与えられた最も重要な課題である」**と、なると思います。

一見、難しそうな問題提起に思われますが、その問題に向き合うことを怠っては、到底、真実の幸福に近づくことはできないはずです。

出家は厳しい修行を通してこの問題に取り組みます。坐禅・作務《さむ》（掃除などの労働）・托鉢《たくはつ》などの中で「生を明らめ死を明らめて」ゆくのです。

一方、在家の人々は、毎日の生活を行いながらも、仏さまの教えを聞くことによって、次第に目覚めて参ります。修証義は、そのための大切な手引書なのです。

仏あれば

（第一章総序・その二）

死後はどこへ行く……

人々がかかえている難問の中で、最も大きなものの一つは「死んだらどこへ行くのか」という問題だろうと思います。死後の世界は有るのか無いのか、もし、有るとするならばどんな世界か、という疑問の解決を、人間は切《せつ》に追い求めます。ある意味では、その心情こそが宗教の出発点であるとも考えられます。

結論的にいって、宗教は死後の世界を「有る」と断定します。宗教、或いは、宗派によって、その世界の場所も状態も異なりますが、「有る」という立場は変わりません。

しかし、誰ひとり死後の世界を見て来た人はいませんから、いわゆる物的証拠のないことも事実です。最近、臨死体験という言葉が流行し、死の世界を覗《のぞ》いて来た報告?を耳にすることがありますが、これとて入口を見て来ただけであって、死後の世界そのものではありません。

物的証拠が揃《そろ》っているものだけが真理であると考える近代人は、その立場から物的証拠を持たない宗教を軽蔑し、迷信・邪教として排斥しようとします。近ごろ増えてきた「無宗教の葬式」などがその例です。

極楽往生（浄土系の場合）……

浄土宗・浄土真宗は、阿弥陀如来《あみだにょらい》のお力（本願《ほんがん》）によって、いかなる人でも、死後、極楽に往生すると説きます。「往生《おうじょう》」とは、「往《い》って生まれる」ことです。つまり、死ぬということは、娑婆《しゃば》世界から極楽浄土に生まれ変わることであり、決して終わりではないということです。

更に、極楽に往生して阿弥陀如来を拝んだ後、再び娑婆世界に還《かえ》って来て、全ての人々を救うために力を尽くすと説かれます。これを「還相回向《げんそうえこう》」と称しますが、とても素晴らしいことだと感じ入ります。（因《ちなみ》に、極楽に往生することを「往相回向《おうそうえこう》」といいます）

数年前、浄土宗の林霊法《はやしれいほう》上人が次のようにお話し下さったことを思い出します。

「私はアウシュビッツへ行って来る。そして、アウシュビッツで虐殺された何百万という人々の魂に還相回向を申して来る。世界で最も平和を希望している人々は、あのアウシュビッツで悲惨な最期を遂げた人々に違いない。だから、あの人々の魂に呼びかけて、この世に還って来てもらい、世界平和のためにお働き願いたいのだ……」

形あるものしか信じられない現代人にとって、それこそ意表を突くお話かも知れません。しかし、わたしはこれこそがほんものの信心の現れに違いないと手を合わせるのです。このお話を聞いて「何を馬鹿な」と思う人は、心の貧しい人だと憐《あわ》れみます。

この信心は、極めて強固な心に支えられてこそ戴けるものと思います。浄土系の教えを「易《い》行《ぎょう》（易しい実践）」だと言う人がいらっしゃいますが、わたしはそのように思いません。こんな厳しい教えはないと思うのです。

親鸞上人は『歎異抄《たんにしょう》』（正しくは、弟子唯円《ゆいえん》が師の親鸞の教えを書き記した書）の中で、次のように述懐していらっしゃいます。

「たとい法然上人《ほうねんしょうにん》にすかされまいらせて、念仏して地獄におちたりとも、さらに後悔すべからず候《そうろう》（たとえ法然上人にだまされて、念仏を信じたために地獄に堕ちたとしても、決して後悔などしない）」

疑い深く、なかなか信に徹することができず、その上、常に揺れ動いて心を定められないのが人間の性《さが》です。そんな人間に生まれながら、親鸞上人は「だまされて地獄に堕ちても決して後悔はしない」と、きっぱり言いきられるのです。

更に、親鸞上人は『教行信証』の中で、

「真実信心は即ち是れ金剛心《こんごうしん》なり（ほんとうの信心とは、金剛石《ダイヤモンド》のように堅固な心である）」

と言いきられ、また、

「金剛の真心を獲得すれば横に五趣八難の道を超え、必ず現生に十種の益を獲る（堅固な信心を得たならば、一瞬の間に迷いの世界を超越し、生きているうちに十種の利益を得ることができる）」

とも、示していらっしゃいます。つまり、金剛のように堅固な信仰心（信心）を得て、はじめて極楽往生という道が開かれてくるのだと教えられるのです。

南無帰依仏（曹洞宗の場合）……

道元禅師さまは、『正法眼蔵・道心《どうしん》の巻』で、より具体的に、死と死後のことを教えて下さいます。増谷文雄《ますたにぶんゆう》先生の現代語訳で紹介します。

「この生が終るときには、二つの眼《まなこ》はたちまちに暗くなるであろう。その時には、それをすでに生の終りと知って、心をはげまして南無帰依仏《なむきえぶつ》ととなえたてまつるがよい。そのとき十方の諸仏はあわれみを垂れたまい、縁あって悪処におもむくべき罪も、転じて天上に生まれ、仏前に生をうけて、仏を拝みたてまつり、仏の説かせたもう法をも聞くことができるのである。

また、すでに眼《め》のまえが暗くなってしまってからも、なおたゆまず、心をはげまして南無帰依仏ととなえたてまつって、中有《ちゅうう》までも後生までも、怠ってはならない。

すでに中有を過ぎて、ふたたび父母によって生をえようとする時にも、よくよく心して、正智をもって託胎《たくたい》し、胎内にあってもなお南無帰依仏ととなえたてまつるがよい。さらに、生まれ落ちるであろう時にも、となえたてまつることを怠ってはならない」

（角川書店『現代語訳・正法眼蔵』第八巻）

と、教えて下さいます。

中有《ちゅうう》とは、『広辞苑』によりますと「四有の一。衆生が死んで次の生を受けるまでの間。日本では四十九日。この間、七日ごとに法事を行う。中陰」と説明されます。

また、四有とは「衆生が生まれ、生き、死に、次に再び生まれるまでの間の四時期（生有・本有・死有・中有）の称」（広辞苑）ということです。

以上をまとめてみますと、道元禅師さまの示された曹洞宗としての死と死後との考え方は、明らかに「輪廻転生」に近い立場であることが解ります。

中有を経て、再びこの世に生を享けるという考え方は、チベットのラマ教と同じです。また、同じような考え方の宗教や宗派も数多くあると思います。ただし、ラマ教の場合は、ラマ僧が死者の耳元でお経を四十九日間誦し続けて、死者が再び人間に生まれ変わることを祈るのに対して、道元禅師さまは、臨終にも中有にも、また、新しく生を享けるときも、死者である本人自身が「南無帰依仏」と唱え続けることを求めていらっしゃいます。実に厳しい信仰心のありようです。先に述べた親鸞上人の「金剛心」にも匹敵する心の持ち方です。

何が大切か……

浄土系の「極楽往生・往相回向・還相回向」と、道元禅師さまの示された「南無帰依仏によって生まれ変わる」こととは、全く異なった考え方です。しかし、どちらが正しくて、どちらが間違っているかということを論ずべきではありません。

大切なことは、それぞれのお祖師さまが示されたことを徹底して信じ抜くという信仰心を育てることです。親鸞上人が「たとえ法然上人にだまされて地獄に堕ちても一切後悔しない」と言い切られた、あの強固な信仰心を育て上げることです。いわば、極楽浄土を求める人は「親鸞上人にだまされても悔《く》いはない」と覚悟し、再び人間に生まれて社会に貢献したいと願う人は「道元禅師にだまされても後悔などしない」と心を定めることが最も大切なことです。

しかし、今日ほど、この心を育てることが難しい時代はないと思います。何かというとすぐに科学的根拠を求め、そして、そこから導き出された結果を金額に換算して優劣を決めようとする風潮が蔓延《まんえん》しきっている今日では、至難のことだと思います。

仏あれば……

修証義は冒頭で「生を明らめ死を明らむるは仏家一大事の因縁なり」と根本問題を提起した上で、**「生死の中に仏あれば生死なし」**と、その問題を解きほぐす手掛かりの一つを教えてくれます。

ここで示される「生死」は、生まれることと死ぬことではなく、「輪廻《りんね》」ということを意味します。

輪廻とは「車輪が回転してきわまりないように、衆生が三界六道に迷いの生死を重ねてとどまることのないこと。迷いの世界を生まれかわり死にかわること（広辞苑）」です。前回に述べた弘法大師空海の言葉「生まれ生まれ生まれ生まれて生の始めに暗く、死に死に死に死んで死の終わりに冥《くら》し」と同じ意味です。

私たち人間は、生まれては死に、死んでは生まれるという繰り返しを重ねながら、一向にいのちの本質に目覚めようとせず、そのために、喉《のど》から手が出るように欲しい「心の安らぎ」をなかなか得ることができません。そして、心の安らぎを得られないために、常に不満を感じて欲望に身を任せ（貪欲《どんよく》）、何かにつけては苛立《いらだ》ちと嫉妬と憎しみを心に抱き（瞋恚《しんい》）、飽きもせず愚かな行いを繰り返し（愚痴《ぐち》）ています。（この貪欲・瞋恚・愚痴を三毒《さんどく》と称し、真実の幸福《しあわせ》への道を妨げる障害と考えます）

この輪廻を断ち切り、心の安らぎを得て、三毒の障害から遠ざかる道を仏教と称します。

出家は、さまざまな修行を重ねながら、その道を歩みます。お釈迦さまや各宗派のお祖師さまのたどられた道をなぞっての修行です。

一方、在家（出家しない一般の方々）の人たちは、強固な信仰心を育てることによって、その道を歩んでいただきます。具体的にいえば、先に述べた「法然上人にだまされて地獄に堕ちても後悔しない」という金剛心、また、「目の前が暗くなって臨終を迎えるときにも、そして、死後、中有にあるときも、南無帰依仏と唱えたてまつれ」という一途な心に磨きをかけ続ける生き方です。日常の生活を営みながらも、その中で、この金剛心や一途な心を念じ続けていくならば、生死、即ち、輪廻の迷いから次第に目覚めていくのです。

このことを、修証義は**「生死の中に仏あれば生死なし」**と示します。ここでいう「仏」とは、お念仏の世界の「金剛心」であり、道元禅師さまの教えられる「一途《いちず》の南無帰依仏」です。つまり、**輪廻の迷いに振り回され続けていても、一旦、金剛心や一途な南無帰依仏に目覚めたならば、輪廻の迷いは消えていく**というのです。更に言葉を縮めていえば**すべて仏にお任せすれば、輪廻の苦しみは消えてしまう**となるでしょう。

この心のありようを、道元禅師さまは『正法眼蔵・生死《しょうじ》の巻』で、「わが身をも心をもはなちわすれて、仏の家になげ入れて……」と教えて下さいます。しみじみと味わうべき素晴らしいお言葉だと思います。

あるがまま（第一章総序・その三）

ほんとうのお念仏……

平成十年一月十一日のNHK教育テレビ「こころの時代」を観て、わたしは大きな感動を覚えました。浄土真宗本願寺派（通称『お西』）の宗務総長豊原大成《とよはらだいじょう》師のお話でした。

師は京都大学哲学科をご卒業になり、インドにも遊学され、仏教の根本思想を徹底して学ばれた方です。そして、その学識の深さと真摯《しんし》な信仰心は万人の尊敬を集めて宗務総長に選任され、浄土真宗本願寺派という大きな教団の総責任者としての大任に就いていらっしゃる方です。

ご自坊は兵庫県西宮市の西福寺《さいふくじ》というお寺ですが、一年のほとんどは京都の西本願寺に泊まりこんで早朝から深夜までお仕事をされ、ご自坊へは滅多にお帰りにならないそうです。特に今年は本願寺では蓮如上人五百回遠忌法要が十期百日間に亙って勤められていますから、そのご苦労はたいへんな事だろうと思います。

さて、平成七年の、あの忌まわしい阪神淡路島大震災が襲って来た時のことです。神戸に地震が起きたらしいという第一報を耳にされた豊原師は余り気にもされなかったようですが、次々に続報が入って来るに従って、これはただ事ではないとお考えになり、法主《ほっす》さまのお許しを得て、急遽《きゅうきょ》、西宮に向かわれました。

平常は一時間ほどの道程を七時間もかかって、ようやくご自坊・西福寺にたどり着かれました。すると、本堂は無事だったものの、庫裡《くり》は完全に倒壊し、手の着けられない有り様になっておりました。

集まっておられたご門徒の方々は、たどり着かれた豊原師の姿を見て、悲痛な報告を申し上げました。

「父上様も奥様もお嬢様も、倒壊した庫裡の中で、お亡くなりになっておりました。ようやくご遺体を運び出して本堂に安置させていただきました……」

その時のことを、豊原大成師は次のようにお話しになりました。

「父と妻と娘の変わり果てた姿に手を合わせたその時、私は真実《まこと》の仏法に入門させていただきました……」

そのお言葉を聞いて、わたしは驚きました。《鉄槌で頭を殴られたような衝撃》という言葉がありますが、まさにそんな衝撃、というより感動を覚えました。

宗教に無関心な人や仏教に縁のなかった人が、肉親の死に出会って、仏教の大切さに目覚めて入門する、という話はよく耳にすることです。それは当然のことです。無常という事実に直面して、生きることと死ぬことの意味を考え、いのちを考えなかったならば、ロボットと同じです。

しかし、豊原大成師の場合は全く異なります。師は、いわば仏教の奥義を極められた方です。学問的にも学者として通るほど研鑽《けんさん》を積まれ、また、信仰の面でも宗務総長という重責を果たされているお方です。そのお方が「仏法に入門させていただいた」と仰せになったのです。このお言葉を更に展開すれば、「その時、私は真実《まこと》の念仏に出会った」と言えるだろうと思います。これは凄《すご》いことです。

わたしのいただいた衝撃・感動は二つあります。

一つは、豊原大成師の真っ正直なお人柄です。ご自分の地位や立場などに全くとらわれず、ただ素っ裸の一人の人間として心情を吐露《とろ》されたことへの驚きです。これは普通の人間にできることではありません。特にテレビ出演などという公の場では、自分の地位や名誉を優先させ、真実とは裏腹の、いわゆる体裁の良い発言をしがちです。そして、そんな発言は決して人の心の底には届きません。花火のように美しいかも知れませんが、後には何一つ残りません。

しかし、豊原大成師のお言葉は真っ正直なお言葉でした。わたしだけではなく、きっと多くの人々の心の底に届いて、真実のお念仏を目覚めさせたことだろうと思います。

いま一つの感動は、逃れることのできない悲痛な無常の風の中にも救いがあり、仏さまがいらっしゃるという確認ができたことです。

豊原師は対談者の質問に答えて、亡くなられた父上・奥様・お嬢様の思い出をお話しになりました。父上・奥様の時は、ほほ笑みながら静かな口調で在りし日のエピソードをお話しになりましたが、一旦、お嬢様の事になると、突然、黙ってうつむいてしまわれました。そして、お目には涙が溢《あふ》れていました。震災から三年経って、父上と奥様は静かな仏さまとなられたようですが、お嬢様への悲しみは益々深くなり、耐え難いものになっているように拝見させていただきました。

そんな深い悲しみに直面して、豊原師は「そこで仏法に入門した」と、仰せになったのです。言葉を換えれば、耐え難い悲しみの中にも、真実の救いがあり、仏さまがいらっしゃる、ということを身をもって教えて下さったのです。

生死即ち涅槃と心得て……

私たちは往々にして《思い込み（我執）》にとらわれて、まことに不自由な生き方をしてしまいます。《思い込み》は正・邪、善・悪、美・醜、などのつまらない基準を勝手に作り上げ、ぬきさしならないほど自分自身を縛り上げてしまうからです。いわば、自縄自縛《じじょうじばく》です。

禅の最大目的は、この自縄自縛から自分自身を解き放すことにあります。《思い込み》を捨て、とらわれず・こだわらず・かたよらない、ものの見方や生き方を目指すのが禅です。そして、その究極は、生死（輪廻の迷い）にもとらわれず、涅槃（解脱の悟り）にもこだわらない、という真の自由境に遊びます。

しかし、これは口先で云々《うんぬん》するほど楽な道ではありません。理屈として知るのではなく、いわゆる体得して生き生きと生きてゆくことができるまでには相当の苦労が必要です。出家は坐禅やさまざまな修行を積みながら、自縄自縛の不自由な世界から脱出しようと努めます。何年、何十年かかるか分からない果てしない道です。

一方、在家にあっては、聞法《もんぽう》を重ねて信心を深め、少しでも世の中に役立とうと努める生活を続ける中で、《思い込み（我執）》を一つひとつ消してゆき、真の自由に近づきます。例えば、その聞法の一つとして、先に紹介した豊原大成師のお話を考えていただきたいと思うのです。三年経過してもなお拭《ぬぐ》うことのできないほどの深い悲しみ（輪廻の迷い）に直面して、仏法に入門（解脱の悟り）したと仰せになったそのお気持ちを、自分のこととして頂戴し、心から同感できる人生を築いていくことです。

修証義は、**生死即ち涅槃《ねはん》と心得て、生死として厭《いと》うべきもなく、涅槃として欣《ねが》うべきもなし。此時初めて生死を離るる分あり。唯一大事因縁と究尽《ぐうじん》すべし。**と教えてくれます。分かりやす

く現代語に書き換えてみますと、

輪廻の迷いや苦悩（生死）の真っ只中にこそ救い（涅槃）が確かに存在するのだと思い知って、いたずらに迷いや苦悩をいみ嫌って避けたりせず、また、救われることだけを望んでそれに執着することもしない、そのような心境に入った時にこそ、輪廻の迷いや苦悩から解き放たれるのだ。そして、そのような心境に到達することこそ、仏教徒の大目標であることを究め尽くさねばならない。

と、なると思います。

さて、ここでも法華経の言葉が登場しています。「究尽《ぐうじん》」です。これは、法華経第二章方便品に出ている有名な言葉です。その前後を併せて紹介します。

唯仏与仏《ゆいぶつよぶつ》　乃能究尽《ないのうぐうじん》　諸法実相《しょほうじっそう》

《意訳》（ただ、仏と仏だけが「諸法実相」の理を究め尽くすことができるのだ）

この一節は、釈尊が舎利弗尊者に対して、法華経の真意は極めて難しいものであることを論されるお言葉の中に出て参ります。（詳しくは拙著『法華経を拝む』上巻をお読み下さい）

道元禅師さまが、修証義の原典である『正法眼蔵』の筆をお執《と》りになったとき、禅師さまのお心の中に、法華経の思想と用語が次々と湧き出てきたであろうことが容易に拝察されますが、ここでも「生死（迷い）と涅槃（悟り）は本来一つのものであるのに、その実相に目覚めず、どちらか一方だけに偏《かたよ》って、それにこだわり続けると、真実の幸福《しあわせ》から遠のくばかりである。早くそのことに気づいて、生死を超越し、泰然自若《たいぜんじじゃく》とした境涯に入ってほしい」と願われる道元禅師さまの暖かいお心が、法華経と一体になって、ひしひしと胸に迫って参ります。有り難いことです。

あるがまま……

今回は、本願寺宗務総長豊原大成師から頂戴した感動を中心に据えて、修証義の**「生死《しょうじ》即ち涅槃《ねはん》」**ということを書かせていただきましたが、書きながら絶えず思い続けたことは、昭和六十三年十二月三十一日に四十七歳という若さでお亡くなりになった鈴木章子《あやこ》さんのことでした。

鈴木章子さんは、昭和五十九年に乳癌を患われ、それが次々に体中に転移していって、四年半の闘病生活のすえ、お浄土へ往生された方です。鈴木さんは癌が転移した毎に、いわゆる告知をきちんとお受けになり、ご自分に残された生命の僅《わず》かな時間と真っ正面から向き合って、精一杯生き抜かれた見事な方でもあります。（詳しくは、探求社発行の『癌告知のあとで』をお読み下さい）

有り難い仏縁に導かれて、わたしは鈴木章子さんの故郷である北海道斜里町で講演させていただいたり、鈴木さんのご主人である鈴木真吾師（斜里町・西念寺ご住職）とお酒を汲《く》み交わさせていただいたり、また、章子さんの最後のご講演の録音テープをいただくなど、とうてい量ることのできないほど深くて大きな様々の教えを頂戴することができました。

章子さんは語りかけて下さいます。

「好き勝手に生きてきて申し訳ない私なのに、突然の死を賜ることなく、自分の生き方や死を問わずにいられない、ガンという病気を賜ったことを感謝しております。むしろ死を見つめ続けたおかげで、病いに導かれ、身のまわりから説き示して下さる「今現在説法《こんげんざいせっぽう》」（今現にましまして法を説きたもう『仏説阿弥陀経』）の法座にすわらせて下さったこの幸せ、まことに如来の摂取不捨《せっしゅふしゃ》の不思議さを身をもっていただいたことであります」（『癌告知のあとで』より）

「どうしようもない凡夫の私の目を覚まして下さるために、如来さまは私に癌という宝ものを下さいました。もしもその宝ものをいただけなかったならば、私は大切なことを何も知らないままに年をとり死んでいったでしょう」（講演テープ・より）

「癌は　私の見直し人生の　ヨーイ・ドンのｇｕｎでした　私　今　スタートします」（『癌告知のあとで』より）

これらのお言葉の数々こそ、「生死即《すなわ》ち涅槃」の生きたありように違いないと手を合わせます。そして、「生死即ち涅槃」とは、あるがままの中に如来さまの声を聞き、あるがままの中に無上の幸福《しあわせ》を発見し、あるがままの中に素直に生きていくことに違いないと改めて思うのです。

最勝の生

(第一章総序・その四)

人身得ること難し……

わたしは、極めて不思議な因縁の積み重ねがあって、生まれました。まず、料亭の次男として生まれた師父が、幼い頃に小児ゼンソクに罹《かか》って医者に見離され、出家の縁が生じたということ。そして、師僧に命じられて高岡の天景寺《てんけいじ》住職になったこと。更に、国鉄の人事異動で家族持ちの職員が高岡に引っ越しして来て、その職員に寺の一間を間貸ししたこと。そして、職員の妻の妹に師父が恋をしたこと……などが積み重なって、わたしという人間がこの世に生を享《う》けることができたのです。もし、このうちの一つでも欠けていたならば、わたしという人間はこの世に存在しないわけです。

これは、何もわたしだけのことではありません。人間すべての出生にかかわる事実なのです。こころみに貴方のご両親がどのような経緯《いきさつ》で巡り会われたか、また、ご両親のご両親がどのようにしてお出会いになられたか、などを詳しくお調べになれば、よくお解りになると思います。

何かの縁が、何かの事情でほんの僅《わず》かでも食い違っていたら、貴方という人間は決して存在しないはずです。そして、それはまた、何十万年以前に人間が出現して以来、今日まで営々と繰り返され続けてきたことでもあるわけです。実に不思議なことであり、人間の浅知恵では到底量り知ることのできない巡り会いの縁だと思います。

世の中には、このような巡り会いを、「偶然」の一言で片付けてしまう人がいます。そのような人は、まことに悲しむべき哀れな人だと思います。何故ならば、自分のことを、偶然に生まれて偶然に生きていると考えると、そこには何一つ生き生きしたものが生まれてこないからです。偶然から生じてくるものは、単なる惰性《だせい》に過ぎません。私たち人間の「いのち」というものは、決して偶然や惰性で出来上がっているものではないと、強く主張します。

仏教では、偶然ということを全面的に否定します。すべては縁によって起こり（ここから「縁起」という言葉が生まれました）、縁によって生ずると考えます。一見、突然変異のように出現したり、または、無から有が生じたりしたように見えるものであっても、それが生ずるためにはさまざまな縁がかかわりあっていると考えます。決して偶然ではないのです。

一人の人間がこの世に生まれ出てくるという経緯も、また、例外ではありません。わたしの出生にかかわる不思議な縁の巡り合わせを考えると、それをしみじみ思うのです。そして、わたしの両親が巡り会ったことそのものを、仏さまのお導きに違いないと考えるのです。繰《く》り返しになりますが、決して偶然に巡り会ったのではないと信ずるのです。わたしの父方母方の祖父母もまた同じです。曾祖父母も、そして、そのまた先の先祖たちも、すべて仏さまのお導きによって夫婦になり、子が授かってきたのだと確信するのです。いわば、仏さまのお導きの結晶ともいうべき存在が、わたしであると手を合わせるのです。そして、このことはわたし一人だけのことではなく、すべての人々もまた同じことであると強く言いたいのです。

　このことを修証義は**人身《にんしん》得《う》ること難《かた》し**と示しています。

　非行に走った子どもなどが口走る「俺を生んでくれとは頼まないのに、親たちが勝手に俺を生んだ」という悲しい言葉、また、「俺は両親の快楽のはての副産物だ」という捨てぜりふなどを耳にするとき、やりきれない思いに落ち込んでしまいます。どうして自分のいのちの不思議さ、自分のいのちのかけがえのなさ、自分のいのちの素晴らしさ、自分のいのちの尊さに目を向けることができないのだろうかと、はがゆく思います。

　しかし、そんな風潮を是正しなければならない役目を背負っているはずの、いわゆる布教師と称される方々の中には、この**人身得ること難し**について、「一回に放出される精子の数は何億という数で、その中の一匹だけが卵子の中に入りこめるのであります。つまり確率的に言って、宝くじで一等を取るよりも難しい命を得たのがあなた方なのです。命とは、そのように実に貴重なものであります」などと説明してはばかりません。薄っぺらな科学的？知識をどんなに上手に語っても、それは決して仏さまのお言葉にはならないと思います。第一、そんな話は生臭《なまくさ》くていけません。そんな生臭い小理屈を語れば語るほど、いのちの尊さから遠ざかっていくだけです。

仏法値《あ》うこと希《まれ》なり……

私たちは、さまざまな不思議な縁、つまり、仏さまの御はからいを頂戴して、ようやく人間としての生を享《う》けることができました。これを仏教用語でいえば「難値難遇《なんちなんぐう》」と申します。そして、人間として生まれることと同様に、極めて難値難遇なことは**「仏法に出会うこと」**であると修証義は示します。

『阿含経《あごんきょう》』というお経は、この「仏法に出会うことは至極困難である」ということを、「八難」という言葉で示しています。たとえ仏さまが真実の法を説いていらっしゃっても、畜生や餓鬼道に堕ちている者や、因果の法則を信じない者には、仏さまの説法が聞こえない……などと示しているのです。そして、『阿含経』は、この難しさを「盲亀浮木《もうきふぼく》」の譬喩で教えてくれます。

「一つだけ穴のあいた軛《くびき》（牛馬に車を牽かせるために、牛馬の後頸に掛ける木）が大海に浮かんでいる。そして、絶えず東風や西風に吹かれて漂い続けている。百年に一度、水面に首を出す盲目の亀が、その漂う軛の穴に首を入れるということは、限りなく難しいことである。人が人間に生まれ、仏法に出会うということは、この譬喩と等しいほど難しいことである」という教えです。
ほんとうにその通りだと思います。真実の仏法に巡り会うことは極めて難しいことに違いありません。
たとえ、寺で生まれ、寺で育ったとしても、真実の仏法から遥かにかけ離れた生活をしている、いわば形だけの僧侶が充満している現代です。いかに生きるかということを真剣に考え、そしてそれを人に説き続けねばならないはずの僧侶、言い換えれば、真実の仏法を広く伝えなければならないはずの僧侶が、死者の冥福を祈ることだけに専念し、しかも、それを企業並の商売感覚で行っている現代では、人々が真実の仏法に巡り会うことは、阿含経の盲亀浮木の譬《たと》えよりも遥かに困難かも知れません。

宿善の助くるによりて……

修証義は、**今我等宿善《しゅくぜん》の助くるに依《よ》りて、已《すで》に受け難《がた》き人身《にんしん》を受けたるのみに非《あら》ず、遇《あ》い難き仏法に値《あ》い奉れり、生死《しょうじ》の中の善生《ぜんしょう》、最勝《さいしょう》の生なるべし**と、大きな歓喜を述べます。

宿善とは、広辞苑によりますと「前世に積んだ善根」となっています。しかし、わたしは自分だけが前世で積んできた善根だけではなく、それよりも、むしろ両親、祖父母、曾祖父母、そして、お顔を見たこともなければお声を聞いたこともない遠いご先祖たちの積み重ねてこられた善根のお蔭であると頂戴したいのです。わたし自身の両親の巡り会いの不思議さを思うとき、そう考えるよりほかに解釈のしようのない事実だと受け取るのです。そして、繰り返しになりますが、このことはわたしだけのことではなく、すべての人々に等しく言えることでもあると強く申し上げたいのです。

宗派にかかわらず、すべての仏教で読経の先に必ず唱える偈文に『開経偈《かいきょうげ》』という偈文があります。わたしもお説教の前には、心をこめて唱えます。

無上甚深微妙法《むじょうじんじんみみょうほう》（この上なく素晴らしい仏法は）
百千万劫難遭遇《ひゃくせんまんごうなんそうぐう》（限りなく長い時間を経ても巡り会うことは至難である）
我今見聞得受持《がこんけんもんとくじゅじ》（しかし、今、私はその仏法に出会うことができた）
願解如来真実義《がんげにょらいしんじつぎ》（心の底から仏さまの真実の教えを正しく理解したいと願うのみである）

わたしは、この『開経偈』の中心は、第三句の「我今見聞得受持」にあると思っています。勿論《もちろん》、第四句の「願解如来真実義」という切なる願いも重要ですが、難値難遇の人身を受けて仏法に巡り会うことのできた歓喜を謳《うた》っている偈文に思われて仕方がないのです。

修証義は、その歓喜を**「生死の中の善生、最勝の生なるべし」**と明示しています。生死は輪廻です。死んでは生まれ変わる輪廻の中の最も素晴らしい人間としての生を享けたのだ！　最も優れた生をいただいたのだ！　そして、滅多に出会うことのない仏法にも巡り会えたのだ！
と声高らかに謳うのです。

この悦び……

わたしは、真実の仏法とは、まず大きな悦《よろこ》びから始まるものと信じています。悦びを伴わない仏法は虚偽の仏法だと思います。

仏法は今まで述べてきたように、かけがえのない人生、二度とない人生を与えられたことに気づくことから始まります。それに気づいて、湧《わ》き上がる歓喜を覚えないはずはありません。釈尊のお誕生のときに「天にも地にも我ひとり」と宣言されたことも、また、成道《じょうどう》（お悟りを開かれたとき）のときに「山川草木悉皆成仏《さんせんそうもくしっかいじょうぶつ》（山も川も草も木も、全世界のありとあらゆるものが真実の幸福に光り輝いている！）」と声高らかに仰せになったことも、すべて湧き上がる大きな歓喜のお言葉に違いないのです。

浅原才市という人がいらっしゃいました。鈴木大拙《だいせつ》先生のご文章（春秋社・刊『妙好人浅原才市集』前書き）で紹介します。

「石見の国（島根県）温泉津の妙好人《みょうこうにん》浅原才市（一八五〇～一九三二）は、実に妙好人中の妙好人である。浄土真宗だけでなく、仏教は何宗でもよい、その何《いず》れにあっても、妙好人の資格を具《そな》えておる不思議な人物である。所謂《いわゆる》絶無にして僅かにあるもの。彼は普通にいう妙好人だけでなくて、実に詩人でもあり、文人でもあり、実質的大哲学者でもある……」

この浅原才市さんの詩です。

生死流転の苦海の人が
六字の網にかかる人あり
弥陀の浄土に引き寄せられる
才市ごをんをよろこばさんせ
ごをんうれしや　なむあみだぶつ

妙好人とは、広辞苑の説明によりますと「行状の立派な念仏者。特に浄土真宗で篤信《とくしん》の信者をいう」となっています。この詩に滔々《とうとう》と流れてやまないものも、湧き上がってくる歓喜そのものです。その歓喜があったからこそ、浅原才市さんは真の妙好人になれたのだと思うのです。

無常憑《たの》み難し（第一章総序・その五）

癌で死にたい……

平成十年四月十日、師父の二十三回忌を勤めた日のことです。法要の後、久しぶりに集まった弟妹たちとしばらく歓談を楽しみました。無論、師父の思い出話が中心でしたが、やがて、その思い出に重ね合わせて、各々の臨終観を述べ合うようになりました。いわば「こんな死を迎えたい」という話です。わたしはそれを聞きながら、弟妹たちも年をとったんだな、と一入感慨にふけったことでした。

話は次第に煮詰《につ》まっていって、結論的?には「どうせ死ぬならば癌で死にたいものだ」ということになりました。両親は共に癌で亡くなっていますから、その結論はほぼ容易に叶《かな》えられることと思いますが、それにしても「癌で死にたい」などとは、一昔前《ひとむかしまえ》には怖くて考えられなかったことです。世の中、変わったな、と思いました。

理由は二つほどあったようです。一つは、インフォームド・コンセントが発達して治療法などを自分で選択できるようになりつつあり、また、医学の進歩によって鎮痛剤が発達して、昔ほど苦しまなくてもいいようになったから、というのが理由でした。

もう一つの理由（こちらの方が重点的に話し合われました）は、他の死因、例えば脳卒中や心臓疾患《しっかん》などに比べて、癌の方がある程度、死に至るまでの時間を与えられるということでした。

つまり、倒れて数時間後、或いは数日後に息を引き取る病気に比べて、癌の場合は月単位で余命を数えることができるということです。そして、その余命を最大限に活用して、自分自身の心の整理・一生の反省・身辺整理・遺言の作成などができるというわけです。

無論、このためには医者から告知を受け、そのショックに耐えなければならないという難関も待っていますが、それを差し引いても、「きちんと死ぬ」ことの方が大切ではなかろうか、と結論?したのでした。

以前、わたしは「死ぬときは苦しまないで瞬時に死にたいものだ」とか「病床に臥《ふ》せっても、せいぜい一週間ぐらいでいい。一週間たったら潔《いさぎよ》く死ねばいい」などと考えたりしていましたが、それは自分自身だけが楽をすることであり、他の人たちの心を思いやることのない、自分勝手な願いであることを気づかされました。いや、他の人たちの心を思いやるなどと格好の良いことよりも、自分自身の心の整理をしないままに臨終を迎えようと考えていたといった方が適切かも知れません。その浅はかさをいたく思い知ったことでした。

ともあれ、「きちんと死ぬこと」が、いかに大切であるかということを、改めて確認できたひとときでした。

三人の先達……

《一》雲龍寺お檀家の林屋友太郎さんは、平成八年四月三十日にお亡くなりになりましたが、三回忌をすませた後、奥様から心のこもったご遺品を頂戴しました。志野抹茶椀一椀と美しい仏画一幅でした。そして、その品には、林屋友太郎さんの直筆で「謹呈、林屋友太郎」としたためられた用箋《ようせん》が付いておりました。

わたしは、ご遺品もさることながら、ご直筆の用箋にすっかり驚いてしまい、奥様に由来をお尋ねしました。

奥様は、

「主人は自分の命の灯がやがて消えることを覚ったとき、自分が一生をかけて集めた美術品を、常日頃お世話になった方々にお贈りして、お礼の気持ちに代えたいと申しまして、自分で品定めをいたしておりました。そのとき用箋に《謹呈、林屋友太郎》と書き、『これを付けて皆様にお贈りするように』と言い遺しておいたものでございます」

と、教えて下さいました。

わたしは言葉では表現できないほどの感動を覚え、ただ、「有り難うございます」を繰り返すだけでした。そして、こんな見事な生涯の締めくくりを見せていただいて、わたしはほんとうに果報者だと手を合わせました。

《二》また、平成十年二月十一日にお亡くなりになった、京都在住のお檀家の林屋辰三郎さんも、実に細かい心くばりを奥様へお遺《のこ》しになりました。

例えば、ご自分の納骨（というよりも、先祖の眠る雲龍寺の墓地で「帰家穏坐《きかおんざ》する」ご心境だったと思います）のことについて、

「私のために金沢の雲龍寺へお集まり下さる方々へは、京都の《かめ末広》の《京の土》というお菓子が美味しいから、それを用意して差し上げるように。また、点心には金沢の《花よし》の料理が美味《おい》しかったから、あそこにお願いしてお弁当を作ってもらい、皆さんに召し上がっていただくように……」

などと言い遺《のこ》されたそうです。すべて、先に述べた林屋友太郎さんと同様に、お世話になった方々に対する、心のこもったお気遣いでした。また、

「雲龍寺の墓へ入る前に、ひととき、横安江町の兄の家の座敷に遺骨を休ませてほしい。そこで一息ついてから雲龍寺へ連れて行くように……」

とも言い遺されました。林屋辰三郎さんは金沢の横安江町でお生まれになり、子供の頃を過ごされました。いわば、横安江町のお宅は、幼い頃の思い出のいっぱい残っている場所だったのです。お聞きして胸が熱くなりました。

林屋辰三郎さんが昭和四十二年にお書きになられた『結婚式』と題する随筆の一部を紹介します。

「わたくしは人間の評価は棺《ひつぎ》を蔽《おお》うて後に初めて定まるという格言を、絶対に信奉している一人である。いうならば葬式はその人間の価値が最終的に定まる瞬間なのである。しかもそれは自ら行うことが出来ない。すべてを遺族、知友に委《ゆだ》ねねばならないのである。従って生前出来るだけの智慧をしぼって、その瞬間が見苦しいものにならぬように努力せねばならぬ。それは人間として正しい生き方をすることだけではなく、最後の瞬間も遺族、知人に少しでも迷惑をかけないようにする一つの心がまえだと思っている」（文芸春秋社刊「新・国学談」より）

《三》師父は遷化《せんげ》する数年前、「私が死んだらこれを開きなさい」という言葉を添えて、わたしに厳封した分厚い封筒を手渡してくれました。遷化後、開封してみますと想像していた通り遺書が入っていました。内容は、茶毘式《だびしき》（葬式）の手順と心構え、遺贈《ゆいそう》（縁のあった坊さんたちへの形見分け）の品物の指示、社会福祉関係で特に親交のあった方々への感謝の電文など、詳細に書かれてありました。

この遺書に、わたしはどれだけ助けられたことでしょう。師父の遷化に動転《どうてん》してしまい、何が何だか分からなくなっていたわたしに、極めて的確な指示を与えてくれたのです。もし、この遺書がなかったならば、間違いだらけの茶毘式や遺贈をして、みんなから嘲笑されたことでしょう。

林屋友太郎さん、林屋辰三郎さん、そして師父の、三人の先達《せんだつ》が、それぞれに遺して下さった教えの中に、わたしは極めて鮮やかに、「きちんと死ぬ」ことの大切さと素晴らしさを感得します。四月十日に弟妹たちと語り合って「できるならば癌で死にたい」と結論したことも、この三人の先達を見習い、「きちんと死ぬ」ことができるように願って、相応の覚悟といくらかの時間的余裕を得たいと考えたからだと思います。

無常憑み難し……

修証義は、私たちが人間として生まれ、そして、仏法に巡り会えたことを「生死の中の善生、最勝の生なるべし」と大きな歓喜で述べますが、そのすぐ後で、**最勝の善身を徒《いたず》らにして露命《ろめい》を無常の風に任《まか》すること勿《なか》れ**と生命を大切にしなければならないことを示し、続けて、**無常憑《たの》み難し、知らず露命いかなる道の草にか落ちん**と、その生命の極めてはかないことを述べます。

このことは、解っているようで解っていない重要な課題です。生命には限りがあることを知り、親戚や知友の訃報《ふほう》に接しては、その思いを深めながらも、それでも自分の生命だけは当分消えることはないだろうと錯覚した毎日を送り迎えしています。

どれだけ健康に留意していても、どれだけ危険なことから遠ざかるように注意していても、死ぬときは死ぬというのが私たちのさだめに違いありません。

例えば、平成十年六月三日、ドイツの超高速列車ＩＣＥが時速二〇〇キロという猛スピードで橋脚に激突し、百人に及ぶ死者を出しました。始発駅ミュンヘンを発車するとき、三百人を越えた乗客の中で、誰がこの事故を予測できたでしょう。一人残らず目的地のハノーバーやハンブルグに着いてからのことだけを考えていたに違いありません。まさに**知らず露命いかなる道の草にか落ちん**の言葉通りの生命です。

そして、これは、あの日ドイツの超高速列車に乗り合わせた人たちだけのことでは決してないのです。私たち一人一人が確かに背負っているさだめなのです。

だからこそ、生命のあるうちに、元気であるうちに、痴呆にならないうちに、林屋友太郎さんや林屋辰三郎さん、そして、わたしの師父のように、「きちんと死ぬ」ことへの努力を忘れてはならないと思うのです。

これは決して陰気なことでもなければ寂しいことでもありません。むしろ正反対の明るくて生き生きしたことだと思います。そして、林屋辰三郎さんが随筆に書いておられるように、「それは人間として正しい生き方をすることだけではなく、遺族、知人に迷惑をかけないようにする一つの心がまえ」に違いないのです。

無常の風に任すること勿れ……

先に述べましたように、修証義は**露命を無常の風に任すること勿《なか》れ**と教えていますが、もう一度、もう少し深く考えてみたいと思います。

ごく一般的には、この一節は「露のようにはかない生命を、無常の風に吹きさらすような勝手気ままな生き方で浪費してはならない」と説きます。つまり、節度ある生活をして健康を保ち、敢《あ》えて危険な所へは近づかないという心構えをもって、せっかくいただいた人間としての生命を大切にしていくべきである、ということです。

わたしはこれをもう少し広めて「露命《ろめい》」を形ある肉体の生命だけではなく、いわゆる「心」もその中に含めて考えてみたいと思うのです。

誰かが「コロコロ変わるからココロと言うのだ」と言いましたが、言い得て妙だなと思いました。その言葉通り、心は外界のさまざまな刺激を受けて、くるくる変わり続けます。一つ処にどっしりと落ち着けることができる人は、よほどの習練を積み重ねた達人だけです。

とするならば、私たち凡人は注意して外界の刺激を選択し、コロコロ変わっても善い方に変わるよう努力した方がいいと思うのです。具体的に言えば、うつろい易《やす》い自分の心（露命）を守るために、軽佻《けいちょう》浮薄《ふはく》な流行（無常の風）から少しでも遠ざかろう、と解釈したいのです。

身已に私に非ず（第一章総序・その六）

胆嚢手術……

平成七年の八月下旬、わたしは鳴和病院へ入院して、胆嚢《たんのう》を取り除いてもらいました。胆石が胆管につまってしまい、胆嚢が駄目になってしまったからです。お臍《へそ》に穴を開けてカメラを入れ、お腹に二つ開けた穴から器具を挿入して胆嚢摘出の手術が行われました。でも、翌日には立って歩くことを勧められ、四日後には退院の許可も出ました。何だか魔法にかかったような入院生活でした。今では三つの穴の傷口もすっかり消えてしまい、外見では胆嚢のない人間には全く見えません。

しかし、入院の前日まではお腹の痛みにとても苦しめられました。いろんな売薬を服用したり、暖めてみたり冷やしてみたりしましたが、一向に治まりませんでした。ついには強力な痛み止めの膏薬《こうやく》をお腹に貼って、熱いお風呂に入ってみたりしました。その時お腹の皮膚に感じた強烈な痛みは今でも忘れません。膏薬を貼《は》った部分は完全な火傷《やけど》になっていました。主治医はその水ぶくれをヘルペスだと診断しましたが、これだけは誤診だと思っています。とにかく胆石の暴れる痛みは想像を越えたものでした。

その痛みに耐えながら思ったことは、修証義の「身已《すで》に私に非ず」という言葉でした。胆石のいる場所はお腹の上部の皮膚の数センチ内部です。完全に自分の手の届く範囲内です。ただ、皮膚と少しの皮下脂肪が、手を妨げているだけなのです。それさえなかったら、痛みの原因である胆石を指先でつまんでポイと捨てて楽になれるのです。それができないということは、わたしの体は決してわたしの思いのままにはできないということです。つまり、修証義の「私に非ず」なのです。

これは、若い頃に経験した前歯の根元の激痛も同様です。夜中に襲ってきた激痛にのたうち回りながら、歯を手で抜き取ろうとさえしました。でも怖くてできませんでした。前歯は胆石と違って直接手で触ることのできる場所なのに、それさえもできないということは、まさに「私に非ず」そのものです。自分の体でありながら、決して自分の思いのままにはできないのです。

身已に私に非ず……

わたしが胆石と前歯につくづく考えさせられたことは、決してわたし一人だけのことではなく、人それぞれに同じような体験があるはずです。特に、年をとってくると、自分の体でありながら、自分の意志通りにならない一種の不自由さ、というよりもどかしさを味わうようになります。耳が遠くなったり、目がかすんできたり、足腰が痛くなってきたり、息切れや動悸《どうき》のために何度も休まねばならなくなったり、もの忘れがおびただしくなったり、数えあげればきりがありません。特に、ちゃんと上げたはずの足の高さが意外に低くて、そのため座布団につまずいて転んだりしたときなど、自分の不甲斐なさが、むしょうに悲しくなって参ります。

こんなとき、人は「年のせいだから」と寂しくあきらめたり、「何か怖い病気のせいではなかろうか」と人知れず悩んだりします。その寂しさや不安は当然のことかも知れませんが、少々みじめだな、と思います。せっかく生きているのだから、もっと明るい方向に「老いの衰え」を眺めてほしいものです。

その糸口が修証義の**「身已《すで》に私に非ず」**です。

「身」は、自分の肉体です。「已に」とは、とっくの昔からであり、生まれたときからです。そして、「私に非ず」とは、決して自分の思うままにはならないということです。つまり、自分の体はもともと自分の思うままにはならないものだ、と修証義は教えてくれるのです。

その思うままにはならない肉体が、自分と称する我がまま勝手な「心」を宿らせてくれ、何十年もの間、勝手放題な「心」にこき使われてきて、今、ようやく疲れを見せ始めたのです。

とするならば、自分と称する「心」の在り方としては、長い間自分を宿らせてくれた体、自分の我がままを聞き続けてくれた体に手を合わせて感謝し、謝罪することが第一だと思います。すると、そこから生まれてくるものこそ、ほんものの「いたわり」であり、「落ち着き（安らぎ）」に違いありません。

この世に存在する物質に、永遠不滅のものは何一つありません。時いたれば、衰え消えていくのは自然の道理です。そして、私たちの心が宿る肉体もまた、間違いなく物質の一つです。長い間使っておれば、耳の遠くなることも、目のかすむことも、足腰の痛くなることも、息切れや動悸《どうき》をおぼえることも、そして、もの忘れが激しくなることも、当然の道理です。

それを、自分の肉体は自分のものだ、自分のものだから自分の思うままにできないとは何事だ、という風に錯覚するから、そこに焦《あせ》りや、苛立《いらだ》ちや、悲しみや、寂しさを感じてしまうのだと思うのです。

そうではなくて、「私の体よ、長い間ご苦労さんでした、私の我がまま勝手のために、こんなにも疲れさせてしまい、ほんとうに申し訳ない、どうか許していただきたい、あとは今までのように無理をさせないから、最後までのんびりと付き合っていただきたい……」と自分の体とゆっくり語り合うべきだと思うのです。

命は光陰に移されて……

修証義は「身已《すで》に私に非《あら》ず」に続けて、**「命は光陰《こういん》に移されて暫《しばら》くも停《とど》め難し」**と説きます。直訳的に解釈すれば「生命は時の流れの中に組みこまれて、一瞬たりとも止めることはできない」となりましょう。

人間というものは、生まれると同時に死ぬことを告知されている存在です。そして、死ぬことに到着するまでの時間は、まさに「光陰矢の如し」です。また人間は、その告知を充分承知していながら、意識的にも無意識的にもその告知を思慮の外に置いてしまう存在でもあります。特に若いうちはその告知を他人ごととして考え、自分の死など夢にも考えたりしません。それはそれで良いと思います。宗教に目覚めない人などが、絶えず「自分はいつか死ぬ」などと思い続けたら、きっと精神的に参ってしまうに違いありません。

修証義は、続いて次のように語りかけます。

紅顔《こうがん》いずくへか去りにし、尋ねんとするに蹤跡《しょうせき》なし、熟《つらつら》観ずる所に往事《おうじ》の再び逢《お》うべからざる多し、無常忽《たちま》ちに到るときは国王大臣親暱《しんじつ》従僕《じゅうぼく》妻子珍宝《ちんぼう》たすくる無し、唯独《ただひと》り黄泉《こうせん》に趣《おもむ》くのみなり。

《現代語訳》少年の日の、あの若さにあふれた顔はどこへ行ってしまったのか。年老いた今となっては、さがし求めようにもその蹤跡《あとかた》もない。よくよく観察してみるに、往事は二度と再びめぐりあえないことばかりである。無常（死）が突然やってくるときは、国王も大臣も、親しい友も、従う部下も、妻子も珍宝も、たすけてくれるものは何もない。たった一人で黄泉《あのよ》の旅に出立つばかりである。（水野弥穂子先生の訳による）

このことも、解っているようで解っていない事実です。口先では「裸で生まれてきて、裸で死んでいくんだ」などと、もっともらしいことを言いながら、実際は不必要な蓄財に目の色を変えている人たちが大勢います。そして、その蓄財のために法に背くことまでして、世間から爪はじきされてしまいます。住専の不良債権にからむ資産隠しの人々などがその例です。連中は、老後を外国で贅沢に過ごしたかった、などと言っているようですが、ほんとうの末路は極めて寂しい孤独死に違いありません。

仏教は明るくて清々しい教え……

以上のようなことを述べてきますと、仏教とは何と寂しくて暗い教えだろう、と受け取られるかも知れません。しかし、それは大きな誤解です。実際は、とても明るくて、清々しい教えが仏教なのです。

昔、中国・唐時代の名僧、大智懐海禅師（別名・百丈禅師）は、「一日作《な》さざれば、一日食らわず」という有名な言葉を遺されました。一日だらしなく過ごしたならば、一日ご飯を食べない、という意味です。

これは、とても深い意味をもった言葉だと思います。単純に「働かない者は、食べられない」とも受け取れますが、もっと深く広く考えてみるべき大切な言葉です。

わたしは幸福《しあわせ》について質問されたとき、しばしば「幸福《しあわせ》とは美味《おい》しいご飯を食べることだ」と答えます。すると、尋ねた人は怪訝《けげん》な顔をします。そこで、わたしは言葉を重ねます。「ほんとうに美味しいご飯は、第一に健康でなければ頂けない。次に家族全員が和気あいあいとしていなければ美味しくない。更に、心に悩み事や心配事があっては美味しいご飯にならない。そして、その日、手抜きなどせず、汗を流して一所懸命に働いて、悔《く》いのない一日としなければ美味しいご飯にならない……でもね、アフリカの飢餓地帯のことや北朝鮮の人々のことを考えると、ほんとうに美味しいご飯は当分食べられないかも知れないよ」と説明します。

大智懐海禅師（百丈禅師）の「一日作さざれば、一日食らわず」という名言は、この美味しいご飯の食べ方を教えられた言葉だと思います。言葉を換えて言えば、「手抜きなどせず、汗を流して一所懸命に働き、悔いのない一日を終えた者だけが食事をとるに値する。食物は尊い命の結集であるから、それを食するには、その尊さに相応《ふさわ》しい一日を過ごさねばならないのだ」ということになりましょう。

仏教は明るくて清々しいものだ、と書きながら、百丈禅師の「一日作さざれば云々」を持ち出し、はて？　と首を傾げられたかも知れませんが、実は次のことを納得していただきたかったからです。

悔いのない一日を過ごせた日は、無上の喜びを感じます。その結果がたとえ思わしくなくても、全力でやり遂げた満足感にひたることができます。いわゆる「美味しいご飯」もいただけます。

その基本となるのが、無常観の正しい認識だと考えるのです。「明日もあるさ」と、今日の日を手抜きして過ごしたら、悔いだけしか残らないはずです。「命は光陰に移されて暫《しばら》くも停《とど》めがたし」と、きっぱりと思い知って、今日は今日しかないと覚悟して、全力で生き抜くことこそ、仏教の基本理念の一つである「無常観」を正しく受け取った生き方だと思います。

井伊直弼《いいなおすけ》はこの考え方を茶道に取り入れ、「一期一会《いちごいちえ》」という有名な言葉を遺しました。一期とは一生です。一生に一度しか出会えない（一会）と覚悟して、今という瞬間を生きるならば、底抜けに明るく清々しい今日の日になるはずです。

入り口の「無常観」だけで仏教を批判せず、その奥にちゃんと用意されてある「明るさと清々しさ」を、存分に味わっていただきたいと心から願います。

己に随い行くは

（第一章総序・その七）

一生のこともまた……

百丈懐海禅師の名言「一日不作、一日不食（一日なさざれば、一日食わず）」を、「手抜きなどせず、汗を流して一所懸命に働き、悔いのない一日を終えた者だけが食事をとるに値する。食物は尊い命の結集であるから、それを食するには、その尊さに相応《ふさわ》しい一日を過ごさねばならないのだ」と解釈しましたが、人間一生のことも同じだと思います。

たとえ不器用であっても、手抜きなどせずに、誠心誠意、汗を流しながら一生を終えた人にとっては、末期の水は天の甘露となって喉をうるおすでしょう。そして、輪廻転生の説に従えば、その人は死後再び人間として生まれてくるか、或いは、輪廻転生を脱して仏さまの世界に生まれ変わるに違いありません。

反対に、要領よく手抜きすることを世渡りの術と考えて、楽をして金儲けすることだけに心を砕《くだ》き、そのためならば他人を欺《あざむ》くことさえ平気でやってのけるような人にとって、末期の水は苦汁そのものに違いありません。そして、輪廻転生の考え方から推察すれば、その人は死後畜生か餓鬼に生まれ変わるに違いありません。

修証義は、そのことを**「無常忽《たちま》ちに到るときは（中略）唯独り黄泉《こうせん》に趣《おもむ》くのみなり。己《おの》れに随い行くは只是《ただこ》れ善悪業等《ぜんあくごうとう》のみなり」**と示します。大意を述べますと「死が訪れたとき、その人はただ独りであの世に旅立って行かねばならない。そのとき、その人に付き従ってゆくものは、その人が生前に為してきた善悪の業（行い・行為）だけである」ということです。つまり死んでいく身にどこまでも付き従っていくのは、生前行った善い行い（善業）、或いは悪い行い（悪業）だけであり、財産も地位も権力も何の助けにもならないということです。

因果の道理歴然として……

そして、それらの業（行い）には必ず「報い」が伴うものだと示します。善行を積み重ねた人には善い報いが訪れ、悪行を行った人には悪い報いが襲ってくるというわけです。修証義は厳しい言葉で**「因果《いんが》の道理歴然《れきねん》として私なし。造悪《ぞうあく》の者は堕《お》ち、修善《しゅぜん》の者は陞《のぼ》る、毫釐《ごうり》も忒《たが》わざるなり」**と、端的明瞭に戒めています。

現代語になおしてみますと、「因があれば必ず果があるという道理は、実にはっきりとしていて、そこには人間の勝手な願いや思いなどが入り込む隙など全くない。悪を行う者は必ず悪い境遇に堕ちてゆき、善を行う者は幸福な身の上になってゆく。このことは一分の狂いもないほど正確な事実なのである」となります。

地獄・極楽の絵解き……

現代、若年者の犯罪が激増し、そして、凶悪化しています。人々はその現象を憂え、さまざまな手を打ち、少年法や裁判の在り方などに改正を加えようとしています。また、教育評論家の先生方を中心として、いろんな人々がいろんな角度から、健全育成のための提言を行っています。その一つ一つには「なるほど」と思うものが多く含まれていますが、残念なことに「因果の道理」を基本にした意見が少ないように思われます。日本という仏教国に生まれ育ちながら、因果の理を用いない手はないと思うのです。

といっても「凶悪犯罪は、それに相応《ふさわ》しい極刑をもって処罰せよ」などというのではありません。子育ての中に、きちんと因果の理を教えこむことの大切さを強調したいのです。

金沢・笠市町《かさいちまち》に照円寺《しょうえん》というお寺があります。浄土真宗のお寺です。そこには有名な地獄・極楽の絵図があり、年に何回か展示公開され、お坊さんが解説をして下さいます。いわゆる「絵解き」です。

金沢で育ったお年よりの中には、幼い頃、照円寺へお参りに行き、というよりも連れて行か

れて、地獄・極楽の絵解きを聞かせられた方が沢山いらっしゃいます。その方々が口を揃《そろ》えておっしゃることは、

「あれは怖かった。怖くて泣いてしまった。しかし、あのお陰で人の道を踏み外さないで生きてこれたと思う。どんなことがあっても、悪いことだけはしないでおこう、少しでも悪いことをすると、きっと怖い目に会うに違いない、と、肝《きも》に銘《めい》じ魂に銘じたからだと思う……」

ということです。

幼い心に泣くほどの恐怖を与えることは、児童心理学の立場からいえば、あまり良いことではありません。感受性の強い子どもは、夜中に夢を見てひきつけを起こすかも知れません。しかし、多くの方々が、あの地獄・極楽の絵解きによって善悪のけじめを知り、因果の理を体得し、まっとうに生きてこれたと述懐《じゅっかい》されることも、決して見逃してはいけないことだと思うのです。

人間教育……

「三つ子の魂、百まで」という諺《ことわざ》があります。人間であるならば守らなければならない大切な基本的ルールを、幼児の頃にしっかり教えこんでおけば、その子が社会に出て多少の紆余曲折《うよきょくせつ》に遭遇しても、己を見失うことなく生きてゆけると思います。特に、自分自身を律するための

「因果の理」を体得させることは、とても大事なことだと思います。といっても地獄・極楽の絵解きを百パーセント推薦するというのではなく、他のどんな方法でもいいから、きちんと体得させておくべきだと言いたいのです。

愛・思いやり・暖かい心、などという抽象的な美しい言葉に飾られた教育も必要ですが、それらの基盤となるべき、因果・無常・布施・慈悲などという仏教の法則や理念、というよりも人間としての基本的ルールや、自分の律し方を、しっかりと教えこむことの方が大切であり、その教育こそほんとうの人間教育に違いないと思います。

ところが、近ごろの親たちの多くは、その人間教育を全く行わず、学校のテストの点数を上げることだけを目標にして、人間の基本ルールや自分の律し方については全く無知な子どもを育てることに懸命です。その結果、点数に追いかけられた子どもは、いわゆるストレスを蓄積させ、それが限界にまで達したときに、外に向かっては暴力行為などに、内に向かっては登校拒否などになって現れ、周囲を慌《あわ》てさせます。これは仕方のないことです。人間としての基本ルールや自分の律し方を全く教えてもらえなかったわけですから、子どもには何の罪もないことです。敢えて罪を問うとすれば、それを教えてやらなかった親の罪であると思います。

得てして、点取り虫の子を育てるような親は、親自身が人間としての基本ルールなどを「古臭い」などと言って軽蔑し、まして、因果の理などという言葉を聞くと「私は無宗教者です」

と肩をいからせがちです。

修証義は、きっぱりと言いきります。

今の世に因果を知らず、業報《ごっぽう》を明らめず、三世を知らず、善悪を弁《わき》まえざる邪見の党侶《ともがら》には群すべからず。

《現代語訳》現代において、因果の道理を知らず、善業・悪業には必ず報いのあることを明らかにせず、現世に対して過去世もあれば未来世もあることを知らず、善悪の区別もわきまえない、このような邪見（因果を無視する間違った考え）の者どもの仲間入りをしてはならない。（水野弥穂子先生・訳）

悲しい反応……

平成十年八月三日早朝、ＮＨＫラジオ「心の時代」は、わたしの話『陰涼《いんりょう》とならん』を放送して下さいました。四回目の再放送でした。一回目はテレビの放映でしたが、再視聴したいという希望者が多く、再々々放送となったわけです。そのお陰で、全国のいろんな所にお住まいの方々と有り難いご縁を結ばせていただき、心の底からの、しみじみとした法悦を感じております。

四回を通じて、放送直後にいただく反響も多く、第一回目などは、終日、電話のベルが鳴り続きました。そのほとんどは有り難い激励のお言葉であり、胸を熱くしながらお礼を申し上げました。

しかし、中には次のような電話もかなりありました。

「子どもが登校拒否になって困っています。一所懸命に言いきかせているのですが聞き入れてくれません。あなたのお寺へ連れて行きますから、学校へ行くように説得して下さい」・「子どもが家の中で暴力を振るい続けて困っています。家具や建具も目茶目茶になり、家族の心もボロボロになってしまいました。何とかしてあなたの経営されている施設へ入れて下さい」などという電話でした。

聞こえてくるお声は、どれも切羽《せっぱ》つまった辛《つら》いお声でしたが、無力のわたしにはどうしてあげることもできません。各地の児童相談所を紹介したり、力のないことをお詫びすることしかできませんでした。わたしにとっても、辛い電話をかけて下さった方にとっても、悲しい反応でした。

放送の中で、わたしが紹介した実話の願いは、施設の宣伝でもなければ、わたしのＰＲでもありません。心を病む子どもの周囲の大人たちに対する忠告であり、教師や両親の目覚めを祈って話したことなのです。

雲龍寺を訪ねてくれた登校拒否の某高校生にわたしは言いました。

「君は学校へ行けなくなったんだってね。良かったね。おめでとう……だって、そうじゃないか。今、全国に登校拒否で苦しんでいる人が何万人いるかわからない。文部省の調査によると、今後、登校拒否は増えることはあっても減ることはないということだ。その多くの人たちの学校へ行けない苦しみは登校拒否を経験した者でないと絶対に解らないのだ。どんなに偉い学者でも、どんなに立派な先生でも、あの辛《つら》い苦しみは理解できないんだ。

それを君は解ってあげられるのだ。学校へ行かねばならない、けれど、どうしても行けない、という辛さは、君にしか解らないのだ。他人の苦しみをほんとうに解ってあげて、ともに涙することができるというのは、仏さまの心だ、仏さまの行いだ。それができるようになった君に、わたしは心からおめでとうというのだ……」

それを聞いて、同席した担任の教師も、その子の両親も、わたしとその子に頭を下げて言いました。

「私たちが間違っていました。登校拒否をそのように考えることのできない狭《せま》い心で、この子に説教をし続けてきました。そんな説教が子どもの気持ちをどれだけ追い込み、傷つけてきたことでしょう。もっと広い心で子どもと話し合うべきでした……」

わたしが放送を通して言いたかったことは、この教師と両親の反省であり目覚めだったのです。教師よ、両親よ、どうか目覚めてくれ！　という願いだったのです。それを聞き取ることができず、自分自身の反省もしないで、ただ誰かにすがりたいとは、とても悲しい反応だと思うのです。

業報の理（第一章総序・その八）

盛岡茂さんのこと……

平成八年七月二十一日のことです。

金沢市笠舞《かさまい》にお住まいの盛岡茂《もりおかしげ》さんが雲龍寺を訪ねて下さいました。茂さんは明治二十九年七月二十一日生まれで、その日は丁度満百歳をお迎えになった誕生日でした。

仏さまにお参りされた後、茂さんは優しくゆっくりとした口調でお話しになりました。

「皆さんに助けていただいて、無事、百歳の誕生日を迎えることができました。これも、雲龍寺の先代さま、荒崎良道先生のお陰でございます。

私は若い頃、次から次へと色々な苦労に苛《さいな》まれ、ついには、もう駄目だと覚悟したことがございます。そんなときに私は荒崎良道先生に巡り会ったのです。先生は心をこめて励《はげ》まして下さいました。『どれだけ雨が降ろうとも、必ず晴れの日も来ます。挫《くじ》けないで、晴れの日が訪れてくることを信じて、耐えて、頑張って下さい』と励まして下さいました。ほんとうに心からのお言葉でした。

そのお言葉に励まされ、そのお言葉を信じて、私は何とか苦労に耐え、苦労を乗り越えて参りました。そして、今日の日を迎えることができました。今では子供たちもそれぞれに立派な仕事をしてくれて、世の中のお役に立っているようです。幸福《しあわせ》でいっぱいです。すべて荒崎良道先生のお陰です。

今日、百歳の誕生日を迎えて、良道先生の御恩に少しでも報いたいと思い、お訪ねいたしました。ここに百万円ございます。これを良道先生がお始めになられた林鐘園に寄付させていただきます。林鐘園にいる子供で、将来、世の中のために尽くそうと頑張っている子の費用にして下さい」そして、百万円をわたしに手渡しして下さいました。

盛岡茂さんは、今もご健在です。昨年はNHKの『小朝が来ました』の番組にもお出になり、今年、百二歳を迎えられて、足腰が少々弱られたものの、矍鑠《かくしゃく》としていらっしゃいます。もちろん、痴呆の気配もありません。

林鐘園に中山友子（仮名）という女の子がいます。今年、短期大学の保育科に入学して、元気に通学しています。

この子は小学校のときから「将来は施設の保母になって子供たちの面倒をみてやりたい」と言い続けてきました。しかし、保母になるためには、学費がかなり必要です。母親は離婚して家を出て行き、工員の父親にはそれだけの費用負担を強いることはできません。希望を叶《かな》えてやりたい、でも、費用の捻出《ねんしゅつ》はできない、と思いあぐねていたところへ、盛岡茂さんからのご寄付です。仏さまのご加護だと思いました。百万円は、早速、定期預金にして友子が短期大学に入学するときに役立たせてもらうことにしました。それに応えるように友子も一所懸命に頑張って高校をトップの成績で卒業しました。そして、念願の短期大学保育科に入学できました。今、元気いっぱいで通学していますから、きっと良い保母になって、恵まれない子どもたちの力になってくれることでしょう。

順後次受……

修証義は、善業《ぜんごう》（善い行い）・悪業《あくごう》（悪い行い）の報いについて、次のように示します。

善悪の報《ほう》に三時あり、一者順現報受《ひとつにはじゅんげんほうじゅ》、二者順次生受《ふたつにはじゅんじしょうじゅ》、三者順後次受《みつにはじゅんごじじゅ》、これを三時という。仏祖の道《どう》を修習《しゅじゅう》するには、其最初より斯《この》三時の業報《ごっぽう》の理を効《なら》い験《あき》らむるなり。爾《しか》あらざれば多く錯《あやま》りて邪見《じゃけん》に堕《お》つるなり。但《ただ》邪見に堕つるのみに非ず、悪道に堕ちて長時の苦を受く。

《現代語訳》善業・悪業の報いを受けるについては、時間的に分けて三通りある。第一は順現報受（この世で行った行為の報いをこの世で受ける）。第二は順次生受（この世で行った行為の報いを次の生で受ける）。第三は順後次受（この世で行った行為の報いをこの世で受けず、次の世でも受けず、次の次の生以後百千生の間に受ける）。これを三時というのである。仏祖の道を修行してゆくには、その最初からこの三時の業因と果報の理をよく聞いて、はっきりさせておくのである。そうしておかないと、たいていは間違って邪見（因果を無視する間違った考え）におちるのである。ただ邪見におちるばかりではない。その結果、地獄・餓鬼・畜生というような悪道におちて、長時の苦をうけることになる。（水野弥穂子先生の訳による）

林鐘園の創設者であった師父が、苦しみのどん底に喘《あえ》いでいらっしゃった盛岡茂さんに、真心からの励ましをさしあげたこと……それが師父の没後二十年を経て、林鐘園で生活する中山友子の奨学資金となって報われたこと……そして、その奨学資金で勉強している中山友子が、やがて世の中の恵まれない子どもたちの力になろうとしていること……この流れの中に、わたしは修証義に説かれる三時の一つ「順後次受」を感じ取り、頷《うなず》くのです。

このような例は、盛岡茂さんと中山友子の関わりだけではなく、ときおり耳にすることです。何世代も隔《へだ》てて訪れて来る果報（報い）の話を聞く度に、その不思議さと有り難さに手を合わせます。

わたし自身、『法華経を拝む』にも書きましたように、前世、そのまた前世に、わたしは仏さまのお説きになる法華経を聞き続けていたに違いないと思うのです。だからこそ、今、法華経に巡り会い、法華経に救われて生きているのだ信じています。一見、極めて神秘的な言い方であり、仏教を信じられない邪見の人たちからみれば、迷信だと嘲笑される言い方かも知れませんが、自分自身の生き方の根底に、そのような信念が有ると無いとでは全く異なった人生になると思います。どちらが真実の幸福《しあわせ》にたどり着けるかは一生を終えてみないと分かりませんが、わたしは親鸞上人を真似て「たとえ釈尊や道元禅師さまにだまされて般若心経や法華経を信じたために、地獄に堕ちたとしても、一切、後悔はしない」と、深く心に刻んで生きています。

業報の理……

ここで、少々理屈っぽい話になりますが、「業《ごう》」と「報《ほう》」について、きちんと整理しておきたいと思います。業や報について、間違った考え方をもっていると、人権を損ねたり差別の心を生じたりするからです。

業とは「行い」「行為」のことです。行いには善と悪の行いがありますから、それを善行・悪行といいます。そして、その行いには、

①身体を動かしての行い（身業）
②言葉による行い（口業）

③身業や口業の元となる心の働き（意業）

の三つがあります。これを総称して「身口意《しんくい》の三業」略して「三業」といいます。

時間的な流れからいえば、まず、③の意業が働いて、つまり目的意志が生じて、①の身体的行いや、②の言語的行いが行われるのが普通です。しかし、仏教では、たとえ身体的行動に現さなくて心に思うことだけでも、一つの業、つまり意業として考えます。

次に、この三業には必ず「報（報い）」が伴います。原因（業）によって結果（報）が生ずることとは当然の理です。たとえ、それが偶然としか見えなくても、どこかに必ずそうなるための原因があるはずです。意識的には完全に忘れきった事柄（業・行い）でも、それは習慣力・潜在力となって心の奥底（無意識）に蓄積されており、何かのきっかけで表面化しただけのことです。この「何かのきっかけ」を仏教では「縁」と称します。

更に、その「報」は、善業・善行に対しては善い報い、悪業・悪行に対しては悪い報いとなって返って来ます。これも当然の理です。

問題は、何時その「報い」が返って来るかということです。修証義は、その返って来る時を「三時」として示します。次の三つの報いを受ける時です。

①順現報受→この世に生きているうちに「報い」を受ける。

②順次生受→次の世に生まれ変わったときに「報い」を受ける。

③順後次受→何度も生まれ変わった後に「報い」を受ける。

これは明らかに「輪廻転生《りんねてんしょう》」を踏まえての考え方です。「輪廻転生」は、ともすると現代の合理主義・科学万能の考え方から蔑視され否定されがちな理論です。しかし、わたしは決して否定しようとは思いません。それどころか、乱れきった現代だからこそ、全世界の人々が「輪廻転生」を正しく信じて生きてほしいと願うのです。

「輪廻転生」は、確固とした信念から迸《ほとばし》り出た強い願望だと信じます。真実の幸福《しあわせ》に目覚めた人、つまり「仏」になりたいという願望から生まれたのが「輪廻転生」だと考えるのです。

「仏」の境涯は、あまりにも高く、あまりにも遠く、あまりにも深い境涯です。一朝一夕《いっちょういっせき》はおろか、一生をかけても到達できるものではありません。だからこそ、何度も何度も生まれ変わって善行を積み、少しでもいいから仏の境涯に近づきたいと願うのです。その願いこそ「輪廻転生」の出発点であり、今、生きていることの最も大きな理由に違いないと信ずるのです。

修証義が、というより道元禅師さまが、

仏祖の道《どう》を修習《しゅじゅう》するには、其最初より斯《この》三時の業報《ごっぽう》の理を効《なら》い験《あき》らむるなり。

と仰せになられたことも、よく理解できると思います。

今生では仏になることはできなくても、次の生に、またその次の生に、また次の次の生に、きっと仏になるのだ！　という不退転《ふたいてん》の信心、不退転の修行の在り方を示された大切なお言葉です。

悪の報を感得せざるには非ず……

修証義第一章総序は、次のように締めくくられます。

悪を造《つく》りながら悪に非ずと思い、悪の報《ほう》あるべからずと邪思惟《じゃしゆい》するに依《よ》りて悪の報を感得《かんとく》せざるには非ず。

《現代語訳》悪を造っておいて悪ではないと強いて思い、悪の報いなんかあるものかと正理にそむいた間違った思惟をすることによって、悪の報いを受けないですむというものではない。（水野弥穂子先生の訳による）

昭和五十三年、わたしは老朽化した林鐘園の建物を改築するとき、その資金繰りに土地名義の違法な書き換えをしました。当初、「私個人の懐《ふところ》を肥やすためではない。行き場のない可哀想な子どもたちの家を作るためだ。少々間違ったことをしても、仏さまもきっと許して下さるに違いない」と、虫のいいことを考えていましたが、その五年後に訴えられて、死を覚悟する苦しみを味わいました。

どんな理由をこじつけても、どんなに尤《もっと》もらしい言い訳をしても、悪業《あくごう》は悪業だったのです。

そして、その報いは必ず受けなければならないということを、身をもって体験させていただいたのです。

改めて、修証義は真実を語り、真実を教えてくれる教典だと手を合わせます。

第二章

懺悔滅罪

小罪無量（第二章懺悔滅罪・その一）

イスラム原理主義……

平成九年の十一月十七日、エジプト南部の古代遺跡観光地ルクソールで、七十人が射殺されるというテロ事件がありました。また、翌年八月七日、アフリカ・ケニアの首都ナイロビと、タンザニアの首都ダルエスサラームで、アメリカ大使館を狙った同時爆弾テロがあって、数千人の負傷者と四百人近い死者が出ました。特に、ルクソールでは、新婚旅行中の日本人も犠牲となり、遺族の方々は無論のこと、日本人全体が深い悲しみに包まれ、激しい憤りを覚えたことは、痛恨の記憶となって生々しく残っています。

これらの悲惨な事件は、いわゆる「イスラム原理主義」の過激派によって起こされたと伝えられています。遠く離れた日本に住む私たちは、その「イスラム原理主義」がどのようなものであるかをよく知らないで、只々、不気味で凶暴な狂信的集団と考えがちであることは否《いな》めません。そして、新聞やテレビでときおり見る、その指導者たちの風貌も、日本人的感覚で眺めると、不気味で陰険《いんけん》・冷酷《れいこく》な人相に見え、それがまた「怖い連中だ」という先入観を更に強めているようです。

わたしも最初のうちは何も知らないくせに、「イスラム原理主義」をとんでもない怖《こわ》い考え方だと思いこみ、正直いって憎悪《ぞうお》の念すら抱いていました。

しかし、ある日、ふと「イスラム教だって宗教の一つではないか。そして、宗教とは人々の幸福《しあわせ》を目的にしているものではないか。だとすれば、イスラム原理主義をできるだけ正しく知って、何故テロ事件にまで展開しなければならなかったかを、しっかり見極める必要があるのではなかろうか」と考え始めるようになりました。

イスラム教は、世界三大宗教の一つで、マホメットを創始者とし、唯一最高神アラー・経典コーラン・天使・予言者・復活・審判の六つを固く信じ（六信）、信仰告白・祈祷・喜捨・断食・聖地巡礼の五つを厳しく行い（五行）、その信仰を支える多くの戒律を固く守る宗教です。そして、名称のイスラムとは「神の意志への服従」という意味だそうです。

このイスラム教の思想の一つ「イスラム原理主義」について、広辞苑には次のように説明してあります。

「イスラム原理主義↓イスラムの原理すなわち初期の共同体の理想に戻って社会や国家を再編すべきであると主張する考え方。この考え方を奉ずる人々は社会悪や不正に急進的に対応するので、イスラム急進派とも呼ばれる」

　このイスラム原理主義が何ゆえにアメリカを憎み、残酷なテロに走るのでしょうか。原因は宗教・政治・経済・人種・歴史など、さまざまなものが係わりあって、至る所で食い違いや誤解が錯綜《さくそう》し、それが手の着けられない状況にまで深まって、もう武力（テロ）による恐喝しか残されていないと信じ込んでしまったせいだと思います。

アメリカ人観光客……

　その食い違いと誤解を生み出した根底にあるものの一つとして、アメリカ人観光客の態度をあげることができると思います。

　アメリカ人は自由で底抜けに陽気な人たちです。そして、観光旅行に出れば、その自由と陽気は一段と活発に外に現れます。イスラム教圏は気温の高い地帯ですから、観光客たちの服装もそれに合わせて、女性は明るい色彩の袖《そで》なしシャツに短パン、そしてサングラス、という格好になります。そんな姿で手にコカコーラなどの缶を持ち、賑《にぎ》やかに談笑しながらモスクなどを見物して回ります。

　モスクはイスラム教の寺院です。一日に五回、敬虔《けいけん》な祈りを行う神聖な場所です。イスラムの人々はモスクに入るとき、身を清め、慎《つつし》んで一歩を踏み入れます。テレビなどで見るモスクでの祈りには、男性の姿しか映りませんから、ひょっとすると、女性の立ち入りができない場所かも知れません。

そんな神聖なモスクへ、アメリカ観光客がコカコーラの缶などを手にして、ぞろぞろと入っていくのです。それを眺めるイスラムの人たちの心は、決して穏やかな筈《はず》はありません。憤りが渦を巻き、口悔《くや》しさが胸をかきむしります。しかし、観光や見物を拒否するわけにはいきません。観光客を迎えることによる外貨獲得が、国家財政にとって、どうしても必要だからです。

もう一つ付け加えるならば、イスラムの伝統的教えでは、女性は人前に出るとき慎《つつし》み深くベールで顔を隠さねばならないことになっています。それが正しい礼儀です。ところがアメリカの女性観光客は、顔は無論のこと、二の腕から太ももまでもあらわにして、モスクに立ち入ります。

宗教・人種・民族性・生活習慣などの大きな差があるとはいえ、これでは不信感や憎悪がふくれあがっていくのは当然のことと思います。連続して起きるテロ事件の根底に、それらのことが潜んでいることは、まぎれもないことだと思います。

しかし、わたしはアメリカ観光客の態度を責《せ》めようとは思いません。アメリカ人にとって、それは至極当然の服装であり行動だからです。自由を失い、陰気になったアメリカ人は、もうアメリカ人ではないと思います。

でも、それがイスラムの人々の心を深く傷つけ、積《つ》もり積もって、悲惨なテロ事件へと繋《つな》がっていったとすれば、アメリカ人観光客の責任?…も考えてみなければならないと思います。

小罪無量……

長々とテロ事件の遠因について書いてきましたが、これはイスラム原理主義に対する同情論でもなければ、アメリカ人観光客に対する批判でもありません。このことを通して、わたしが言いたいのは、「私たちにもアメリカ人観光客のような、思ってもみないところで人を傷つけている言動がありはしないか」ということなのです。

過失でも故意でも、自分が犯してしまったと自覚される罪は、懺悔も反省もできますが、そうではない罪、つまり知らず知らずのうちに犯している罪は、懺悔も反省もできません。そして、私たちは、そんな罪をどれだけ犯しているか分かりません。アメリカ人観光客がイスラムの人々を傷つけ続けているように、私たち自身も必ずどこかで人を傷つけ続けているはずです。たった一言の失言が他人の一生を狂わせたり、眼差《まなざ》しのありよう一つで他人の心を明るくもし暗くもしているはずです。そして、そういう重大な過失を犯しながら、それに全く気づくことができない、という一種の怖さを私たちは背負っているわけです。

曹洞宗の大切な行事の一つに「授戒会《じゅかいえ》」があります。七日間、寺へ泊まりこんで仏さまのお話を聞き、身も心も清めて、仏さまの戒《いまし》めを頂戴する行事です。その五日目に、懺悔道場という儀式があります。自分の犯してきた罪を、仏さまの前で心の底から懺悔《さんげ》する儀式ですが、そのとき唱える言葉が「小罪無量《しょうざいむりょう》」という言葉です。ほんとうは「至心懺悔《しいしんさんげ》、小罪無量《しょうざいむりょう》（気づかずに犯してきた無量の罪を、今ここで心から悔い改めます）」と唱えるべき言葉なのですが、緊張の余り間違えたり度忘れしたりするといけないので、上の句を省略して、下の句だけ唱えることになっています。

この「小罪無量」という唱え言葉の意味は、とても深いと思います。アメリカ人観光客の何げない振る舞いが、イスラムの人々に屈辱《くつじょく》として受け取られ、そして、それが憎悪《ぞうお》に満ちたテロ事件に繋《つな》がっていったように、私たちも自分の全く気づかないところで、どれほど罪を重ね、他人を傷つけ続けているか分かりません。それを真正面から認め、「どうにもならないほど罪深いのがこの私です」と、仏さまに心底から懺悔するのが「小罪無量」なのです。

「南無」の出発点……

「南無《なむ》」とは、サンスクリット語の「ナマス」を音写した言葉で、漢訳には、帰命《きみょう》・帰礼《きらい》・帰《き》敬《けい》などという語が用いられます。わかりやすく言えば、「赤ん坊が母親にすがりつくような気持ちで、尊い存在にすがりつく心情」です。

そこには打算も駆け引きも全くありません。全くの無条件と、絶対の信頼があるだけです。そんな気持ちで阿弥陀如来にすがることを「南無阿弥陀仏《なむあみだぶつ》」といい、法華経にすがりつくことを「南無妙法蓮華経《なむみょうほうれんげきょう》」といい、観音さまにすがることを「南無大悲観世音菩薩《なむだいひかんぜおんぼさつ》」といいます。いわば、「南無」こそが仏教の原点であり、仏教の総《すべ》てなのです。従って「南無」を失った心で、如何に高遠な理想を説こうとも、それは単なる屁理屈《へりくつ》に過ぎなくなるのです。

この「南無」の心情は、「我」を消し去ったときに、自然に生じてくる心情です。一見、「我」を消し去るということは至難のことのように思われますが、決してそんなに難しいことではなく、たとえば「小罪無量」の自分であることに気づくことです。先に説明した「アメリカ人観光客がイスラムの人たちに深い傷を与え続けている」ようなことを、私たち自身もどこかで必ずやっているに違いないと思い知り、その罪の深さに恐れおののくことです。

また、私たち日本人は、今、不景気であるとはいえ、かなり豊かな生活を楽しんでいますが、その豊かさの裏には「環境破壊」「自然破壊」などという大罪が隠れ潜んでいることを真正面から見つめ、その罪の深さに恐れおののくことです。

そして、罪を犯し続けなければ生きていくことができない、救いようのない自分である、ということに気づいたとき、人間は何かにすがりつきたいという心情に駆《か》られます。その筋道が、「我」を消し去って自分を救って下さる尊い何かに「南無」するということです。言い方を換えれば、「小罪無量」の自分であるということに気がつくことこそ「南無」へのほんとうの出発点なのです。

仏祖憐みの余り……

修証義第二章「懺悔滅罪」は、次のように始まります。

仏祖《ぶっそ》憐《あわれ》みの余り広大の慈門《じもん》を開き置《お》けり。是《こ》れ一切衆生を証入せしめんが為《た》めなり。

《現代語訳↓仏さまは人々を憐れみたもうあまりに、真実の幸福《しあわせ》に至る広大な門を開きおいて下さった。この門こそ、一人残らず仏の道に導き入れて、真実の幸福《しあわせ》を得させようという仏さまの慈しみの門なのである……》

「小罪無量」で救い難い私たちではあるけれども、一人残らず救いとって、真実の幸福《しあわせ》へと導いて下さるという仏さまの大いなる慈悲が示されるのです。

法華経にも、随所に仏さまの言葉として、「私はすべての人々の父である。だから、寝ても醒めても、吾が子であるすべての人々を、何とかして真実の幸福《しあわせ》へ導いてやりたいと切に願い、説法を続けているのだ」と示されてあります。私たちは、そのお言葉を信じ、素直な心で広大な慈門の中に踏み入るべきだと思います。

発露白仏

（第二章懺悔滅罪・その二）

生成……

十月二十一日、古希《こき》の誕生日のお祝いだと言って、倅《せがれ》が谷村新司《たにむらしんじ》さんのCD『生成《きなり》』を贈ってくれました。平生、わたしは口癖のように「谷村新司さんの『天狼《てんろう》』を俺のテーマ曲にしたい」と言っているので、このCDを選んでくれたのだろうと思います。

聴いてみて、いっぺんで気に入りました。第二のテーマ曲になりそうです。明るく豊かな流れの中に仄《ほの》かな悲哀が見え隠れする曲も素晴らしいし、時には囁《ささや》くように、時には力強く響く歌声もわたしの魂を揺さぶってくれました。

特に気に入ったのは歌詞でした。中でも、次のフレーズに出会ったとき、わたしは大きなため息をついてしまいました。

父の背中は遠く　母のぬくもりさえ
今はただ思い出の　遥か彼方に遥か彼方に

抱いて下さい　神がいるのならば
抱いて下さい　あえぐ旅人を

純白のままで　誰も生きてゆけない
嘘に染まりながら　心は生成《きなり》のまま
罪を背おいながら　心は生成のまま（JASRAC 出0012201-001）

近頃、人間や人生をテーマにした歌を多く聞きますが、この『生成』のような深みを感じさせてくれる歌は少ないと思います。（「生成」という言葉は、わたしにとって耳慣れない言葉でしたから『日本国語大辞典〔小学館〕』で調べてみると「生地のまま飾りけのないこと・大阪地方の方言では、まぜ物のないこと」とありました）

引用した歌詞の前節からは、人間の孤独な思いがしみじみと感じられ、後節からは、どうしようもない人間の性《さが》ではあるけれども、それでも、一縷《いちる》の光を求めて生きてゆこうとする切なさに同感することができます。そして、この歌詞を作った谷村新司さんがどのような過去を持ち、何を目標にして生きていらっしゃるのか分かりませんが、とにかく、きちんと真面目に人生を見つめておられることは伝わって参ります。決して、口先だけの遊びではないと受け取ります。

人間がほんとうの孤独を感ずるのは、父母に死別し、その悲しみが静かな思い出となった頃だろうと思います。父が生きておれば、暖かく庇《かば》ってくれたであろう、母が生きていたら、優しく抱きとめてくれたであろう、などという淡い甘えも消えてしまう頃になって、人は孤独の思いをしみじみと噛《か》みしめるものだと考えます。

「父の背中は遠く、母のぬくもりさえ……」です。

そして、その孤独を抱きながら生きてゆかねばならない自分の身を思うとき、あまりにも汚れきった見方・考え方・生き方の中で喘《あえ》いでいる自分自身の情けない姿に愕然《がくぜん》としてしまいます。人を傷つけ、人を裏切り、人を悲しませ、また、自分自身を傷つけ、自分自身を裏切るために生きているのではなかろうか、とさえ思ってしまいます。

「純白のままで　誰も生きてゆけない……」

「嘘に染まりながら……罪を背おいながら……」です。

自分自身をそのように凝視《ぎょうし》できたならば、そして、まっとうな人間ならば、必然的に、

「抱いて下さい　神がいるのならば

抱いて下さい　あえぐ旅人を……」

という気持ちに駆《か》られるはずです。

この心の道程の道しるべとなるのが、「生成のまま」に違いないと思います。谷村新司さんが

「生成」をどのようにとらえていらっしゃるのか、そこまで推察できませんが、わたしには、このように思われて仕様《しよう》がないのです。

前回の「小罪無量」で、南無への出発点を説明しましたが、今回の「生成」もまた、同じく南無への道程を繰り返させていただきました。真実の幸福《しあわせ》を得るには、まず、南無という心を戴かねばならないというのが、宗教の定めですから、何度でも説明を繰り返さねば……と考えた次第です。

懺悔……

修証義の第二章『懺悔滅罪《さんげめつざい》』は、修証義全五章の中でも最も短い章であり、その扱い方を見ても何となく軽い扱いを受けているようです。例えば第四章の『発願利生《ほつがんりしょう》（仏教的生活の実践項目）』などを力説する布教師はいても、この第二章に真っ正面から取り組む坊さんは極めて少数です。これは、大きな間違いだと思います。どんなに『発願利生』を上手に説こうとも、その根底に、懺悔から南無へと続く心情がなかったならば、それは、いわゆる砂上の楼閣《ろうかく》に過ぎないからです。皮肉を込めた言い方をすれば、多くの布教師は自ら懺悔することなく、いきおい、南無の心も希薄に違いないと思いたくなります。これでは形だけの坊主と批判されても仕方のないことです。

キリスト教では「原罪」を説きます。人間は生まれながらにしてアダムの犯した罪を背負わされているという考え方です。そして、その罪はキリストを信ずることによってのみ消えるものだと示されます。

また、浄土真宗の開祖・親鸞《しんらん》上人は自分のことを「愚禿親鸞《ぐとくしんらん》」と称し、煩悩《ぼんのう》にまみれた救い難い存在であることを述べていらっしゃいます。真継伸彦先生の『親鸞と現代』(小学館『日本の仏教』第四巻三十七頁)によれば、愚禿とは「極めて愚かで、僧にも俗にも徹しきれない中途半端な人間」という意味であり、流刑先《るけいさき》の配所で法然上人の訃報《ふほう》をお聞きになった親鸞上人は、改めて法然上人の『一枚起請文《いちまいきしょうもん》』をお読みになり、深く感ずるところがあって自らを愚禿と命名されたということです。

余談になりますが、先日、石川県寺井町の某浄土真宗僧侶が北国新聞に「親鸞は剃髪などしていない。ハゲだったのだ。だから愚禿と称したのだ」と書いていましたが、何と馬鹿なことを考えるのだろうと情けなく思いました。親鸞上人の尊い自覚である「禿」の字を、浄土真宗の僧侶自身が「ハゲだ」と主張するなど、世も終わりだなと感じました。

さて、キリスト教の「原罪」といい、親鸞上人の「愚禿」といい、信心・信仰を第一義とする宗教は、まず自分自身の罪深さと愚かさを徹底して思い知ること、つまり「懺悔」から始まります。そして、それは神や仏にすがらずにはおれない心、「南無」の心情を誘発してくれるのです。「抱いて下さい　神がいるのなら……」です。

懺悔（一般にはザンゲと読みますが、曹洞宗では濁らないでサンゲと言います）とは、自分自身を真っ正面から凝視《ぎょうし》し、徹底して自分自身の罪深さと愚《おろ》かさを自覚することをいいます。単なる反省でもなければ上辺《うわべ》だけの謝罪《しゃざい》でもありません。些《いさ》かの手心も加えず、峻烈《しゅんれつ》なまでの厳しさで自分自身の悪行に対峙《たいじ》することです。キリスト教の「原罪」も、親鸞上人の「愚禿《ぐとく》」も、その厳しい懺悔の中から生まれ出たものであることを知っておくべきです。

発露白仏……

修証義は、その厳しさを**「心念《しんねん》身儀《しんぎ》発露《ほつろ》白仏《びゃくぶつ》すべし」**と示します。

心念《しんねん》　とは心の底から念ずるということです。
身儀《しんぎ》　とは身なりや態度をきちんと整えることです。
発露《ほつろ》　とは犯した罪を隠すことなく表すことです。
白仏《びゃくぶつ》　とは言葉に出して仏さまに申し上げることです。

まとめて言いますと「衣服を整え、仏さまの前にきちんと正坐し合掌し、心の底から自分の犯してきた罪過悪行《ざいかあくぎょう》を包み隠さず言葉に出して、仏さまに申し上げ、お許しを乞う」ことです。

ここで目にとめていただきたいのは、整え・正坐し・合掌し・言葉に出して、という行動を指し示す言葉のあることです。つまり、密《ひそ》かに心の中で、というのではなく、行いとしてもしっかり現さねばならないということです。

そして、その行いに併せて、心に念ずべきことを修証義は次のように教えてくれます。

願わくは我れ設《たと》い過去の悪業《あくごう》多く重なりて障道《しょうどう》の因縁《いんねん》ありとも、仏道に因《よ》りて得道《とくどう》せりし諸仏諸祖我れを愍《あわれ》みて業累《ごうるい》を解脱《げだつ》せしめ、学道障《さわ》り無からしめ、其功徳法門《そのくどくほうもん》普ねく無尽法界《むじんほっかい》に充《じゅう》満弥綸《まんみりん》せらん、哀《あわれ》みを我れに分布《ぶんぷ》すべし。

《現代語訳》→どうかお願い申し上げます。よしんばわたくしが過去に造った悪業が多くつみ重なって、仏道による真実の行き方を障《さまた》げる因縁《もと》となっておりましょうとも、仏道によって真実の道を得られた諸仏諸祖がたよ、どうかわたくしをあわれんで、悪業の累《つみかさなり》から解放され、仏道修行が障げなく行われ、仏祖の功徳の法門として、ひろく無限の宇宙に充満《みちみ》ち、全宇宙を弥綸《つつみこ》でいるあわれみを。わたくしに分け布《あた》えてください。》（水野弥穂子先生・訳）

更に、そのとき口に出して唱えるべき偈文を修証義は次のように示しています。

我昔所造諸悪業《がしゃくしょぞうしょあくごう》　私が今まで造り続けてきた悪業は
皆由無始貪瞋痴《かいゆうむしとんじんち》　すべて始めも知れぬ貪《とん》と瞋《じん》と痴《ち》によって
従身口意之所生《じゅうしんくいししょしょう》　身と口と意から生じたものです。
一切我今皆懺悔《いっさいがこんかいさんげ》　その一切を今ここに懺悔します。

この偈文《げもん》は『四十巻華厳経《けごんきょう》』というお経の行願品《ぎょうがんぼん》に出ている偈文です。曹洞宗だけではなく、仏教全般に唱えられている偈文でもあります。

懺悔の功徳力……

以上のように、誠心誠意、心の底から懺悔することができれば、次のような功徳《くどく》がいただけると、修証義は力強く保証してくれます。

前仏懺悔の功徳力我れを拯《すく》いて清浄《しょうじょう》ならしむ。此《この》功徳能く無礙《むげ》の浄信精進《じょうしんしょうじん》を生長《しょうちょう》せしむるなり。浄信一現《じょうしんいちげん》するとき、自佗《じた》同じく転《てん》ぜらるるなり。其利益普《あま》ねく情非情に蒙《こう》ぶらしむ。

《現代語訳・仏の前で心から懺悔する功徳の力は、自らを救って清らかな身にしてくれる。また更に、この功徳力は礙《さまたげ》るもののない浄らかな信心と、たゆむことのない精進の力を育ててくれる。この浄らかな信心がひとたび現れると、自分も他人も同時に救われて、真実の世界へ入ることができる。また、この浄らかな信心の利益は、情あるものにも情なきものにも普ねくゆきわたる。》

先日、テレビを見ていたら、二十一歳の女性タレントが、「境内《けいだい》」「参拝《さんぱい》」という漢字が読めなくて、傍《かたわ》らにいた俳優に嘲笑《わら》われていました。すると、その女性は何度も「学校で先生が教えてくれなかったからだ」と言い張っていました。聞いていて不愉快な気持ちになりました。

素直《すなお》に、「私、先生の言うことを聞かないで遊んでばかりいたから……ごめんなさい」と言ってくれたら、見ていた人たちはきっと爽《さわ》やかな気持ちになれたと思います。

修証義に示してある通り、素直な反省・懺悔は、自分自身だけではなく、同時に他人も救われるのです。

第三章
受戒入位

戒名

（第三章受戒入位・その一）

クローズアップ現代……

平成十年十月二十八日、ＮＨＫテレビ『クローズアップ現代』は、「戒名料」について放映しました。丁度、この「修証義を読む」が「受戒・戒名」にさしかかろうとしていた時だったので、期待してチャンネルを合わせましたが、見ていて次第に腹立たしくなり、がっかりしました。

噂《うわさ》には聞いていましたが、東京など大都会の一部の僧侶たちの堕落《だらく》ぶりは言語に絶する酷《ひど》いものであり、これでは仏教離れがどんどん進行しているのも当然だと思いました。

「葬式料に併《あわ》せて戒名料を取らなかったら寺院の経営は成り立たない」

「ほとんどの寺院は葬式の戒名料で生活している」

などと発言し、葬儀社とタイアップした高額の戒名料金表まで示していました。とんでもないことだ！と立腹しました。

戒名とは、仏さまのお弟子になった証拠として戴く名前です。それが金額によって格付けされているとは、全く言語道断《ごんごどうだん》の行いです。更に「自分だけではない、全国の寺院が同じことをしているのだ」と言わんばかりの自己弁護《じこべんご》を付け加え、正当化しようとしているのです。もう呆《あき》れ返ってしまいました。

しかし、よく考えてみると、放送の趣旨は「クローズアップ現代」という番組名に相応《ふさわ》しく、戒名料にまつわる一部僧侶の堕落ぶりを指摘して、このままで良いのかと世に問いかけ、ほんとうの仏教の目覚めを促《うなが》すために企画されたように思われ、その点では良かったと思いました。

それにしても、一部僧侶たちの堕落は、どす黒い力となって、仏教のイメージダウン、そして、仏教離れを着実に押し進めているようです。

平成十年の秋のことです。高校二年生の孫がわたしに尋ねました。

「今日、学校で古典の先生が『坊さんは悪者だ』と言っていたけれど、お爺《じい》ちゃんはどう思う？」

わたしはびっくりして聞き返しました。

「どんな理由で先生はそんなことを言ったのかな」

孫が答えました。

「うん、先生が言うには『坊さんは自分で汗を流して働かないくせに、わけの解らないお経を少し唱えただけで多額のお金を取っていく。そして、そのお金で海外旅行をしたり、贅沢《ぜいたく》な暮らしをしている。あんな悪い連中はいない』ってね……」

わたしは言葉に詰まりました。全面的にその先生の意見を否定できなかったからです。僧侶の中には素晴らしい方も沢山いらっしゃいますが、その反面、そうではない僧侶もいっぱいいるからでした。テレビで放映されたような高額の戒名料を平然と要求する僧侶だけではなく、観光で名を売った寺の住職がお妾《めかけ》さんを囲っていたり、某禅寺の若い住職が高級クラブの常連であったり、果ては麻雀《マージャン》の賭《か》けのために寺の宝物を売り払った住職がいたりするような話が度々耳に入ってきます。そして、そんな話は往々にして尾鰭《おひれ》が付いて誇張されて伝わり、孫の学校の教師が抱いているような僧侶に対する悪いイメージを形成・固定していきます。このままの状態が続いていくならば、近い将来に仏教は自滅してしまうに違いありません。

そうならないためにも、先ず、戒名に対する正しい認識をもっていただき、心豊かに生きるための仏教への思いを深めていただきたいものと、切に願うのです。

受戒入位……

修証義の第三章は『受戒入位《じゅかいにゅうい》』と名付けられます。

受戒とは、心豊かに生き、真実の幸福《しあわせ》を得るためには、最低これだけは守らねばならないという「仏さまの戒め」をよく知り、それを守って生きていくことを仏さまと自分自身に誓うことをいいます。

きちんと「受戒《じゅかい》」ができたならば、その人はまさしく、「仏さまのお弟子さん」です。そして、お弟子さんの地位に入ったということで、これを「入位《にゅうい》」と称するのです。一般に仏教徒という言葉がありますが、厳密にいえば「受戒」し、「入位」した人だけが、ほんとうの仏教徒ということになります。いわゆる洗礼《せんれい》を受けた人だけがキリスト教徒と称せられるのと同じことです。

近ごろ、スマートで格好《かっこう》がいいという、たったそれだけの理由で、キリスト教の教会で結婚式をする人が増えていますが、由緒《ゆいしょ》ある厳格《げんかく》な教会では、洗礼を受けていない人の結婚式は受け付けていないと聞きます。当然のことだと思います。キリスト教徒でもない者が、神の前で指輪の交換をしたところで、何の意味もないはずです。いわば中身の全く無い形だけの結婚式に過ぎず、従って離婚の率も増えてこようというものです。

また、キリスト教では洗礼を受けた人に「洗礼名《せんれいめい》」を授けます。ほんとうのキリスト教徒となったしるしです。

仏教でも同じことで、「受戒入位」してほんとうの仏教徒となった人には、いわゆる「戒名《かいみょう》」が授けられます。

以上でお解りのように、「戒名」は生きているうちに戴くべき名前であり、具体的に言えば「仏教を信じて、仏さまの教えに従って生きていこう」と決意したときに戴く名前なのです。従って、厳密に言えば、呼吸や心臓の動きが停止してから戴いたのでは、いささか手遅れだということです。

生を易え身を易えても……

修証義第三章『受戒入位』は、次のように始まります。

次には深く仏法僧《ぶっぽうそう》の三宝《さんぼう》を敬い奉《たてまつ》るべし。生《しょう》を易《か》え身を易えても三宝を供養し敬い奉らんことを願うべし。西天東土《さいてんとうど》仏祖《ぶっそ》正伝《しょうでん》する所は恭敬《くぎょう》仏法僧《ぶっぽうそう》なり。

冒頭の「次には」という言葉は、前章「懺悔滅罪」を受けての言葉です。つまり、「自分の愚かさ罪深さを心から懺悔したならば、その次には……」となるわけです。前回の繰り返しになりますが、心底からの懺悔なしでは、決して真実の仏法に巡り会えないという、仏教の基本中の基本を、今一度、肝に銘じていただきたいと願います。

さて、心底からの懺悔ができたならば、次には仏・法・僧の三つの宝を信じて敬うように勧めます。

「仏」は、狭義では「釈迦牟尼仏《しゃかむにぶつ》」即ち、仏教をお開きになったお釈迦さまです。そして、広義ではお釈迦さまがお説きになった沢山の経典で説かれるさまざまな仏さまの総てを指します。

大日如来《だいにちにょらい》・薬師如来《やくしにょらい》・阿弥陀如来《あみだにょらい》など、無数の仏さまたちです。

「法」は、その仏さまたちがお説きになった教えです。一般に四万八千の法門と称される厖大《ぼうだい》な経典です。

「僧」は、その教えを信じて、その教えの通り修行に励んでいる人を指します。

この仏・法・僧の三つを、真実の幸福《しあわせ》を得るための宝の道しるべとして、「三宝《さんぼう》」と称します。

この三宝を敬うことについて、水野弘元《みずのこうげん》先生は『修証義講話（曹洞宗宗務庁発行）』の中で、次のように教えて下さいます。（『修証義講話』一五〇頁より引用）

《この場合、たんに「三宝を敬うべし」ではなく、「深く三宝を敬い奉るべし」という極めて丁寧な言葉が使われている。聖徳太子は『十七条憲法』の第二条に「篤《あつ》く三宝を敬え（篤敬三宝）」としておられるが、道元禅師は「篤く」の代りに「深く」といい、さらに「敬い奉るべし」という敬語が用いられている。このように丁寧な言葉づかいがなされているところに、道元禅師がいかに三宝を重んじ、三宝に対していかに絶対の帰依《きえ》をささげておられたかを如実《にょじつ》に示すものがある。仏教に対して無条件の信仰をもち、仏教の有り難さが心魂《しんこん》に徹し、仏法のためには身命をも投げ出す気持ちがなければ、到底出てこない言葉である》

修証義は更に言葉を重ねて、

生《しょう》を易《か》え身を易《か》えても……

と、その決意の厳しさを求めます。

この一節は、道元禅師さまがお書きになった『正法眼蔵』の中の「道心《どうしん》の巻」に由来《ゆらい》します。増谷文雄《ますたにぶんゆう》先生の現代語訳で読んでいただきます。

《生をかさね、身をかえても、三宝を供養し、うやまいたてまつろうと念ずるがよろしい。寝ても醒めても、三宝の功徳《くどく》を思うがよろしい。あるいは、寝ても醒めても、三宝を口に称《とな》えたてまつるがよろしい。（中略）

この生が終わるときには、二つの眼はたちまちに暗くなるであろう。その時には、それを生の終りと知って、心をはげまして南無帰依仏ととなえたてまつるがよい。（中略）この生が終り、次の生にうまれるまでのあいだ「中有《ちゅうう》」ということがある。その期間は七日であるが、その間も、つねに、声をたやさず三宝を称えたてまつろうと思うがよい。その七日を過ぎると、また、次の中有がある。そしてまた次の中有と続く。その間も、心をはげまして三宝を称えたてまつり、

「南無帰依仏《なむきえぶつ》、南無帰依法《なむきえほう》、南無帰依僧《なむきえそう》」

と称えたてまつることを忘れず、絶えることなくするがよいのである。

すでに中有を過ぎて、ふたたび父母によって生をえようとする時にも、よくよく心して、胎内にあってもなお三宝を称えたてまつるがよい。さらに、生まれ落ちるであろう時にも、称え

たてまつることを怠ってはならない。（中略）そのようにして、生々世々にわたって称えたてまつるがよい。悟りをえて仏の位にいたるまで、怠ってはならない。それがもろもろの仏・菩薩《ぼさつ》のなされた道である》

と、示されるのです。

これほどまでに徹底して信心のありようを説いた教えは他に例をみないと思います。

このように自分自身の死後のことを意中に置いて、自分自身の生涯としっかり向き合うことができるならば、きっと、充実した素晴らしい一生を過ごすことができると確信します。「生を易《か》え身を易《か》えても」というお言葉の有り難さです。

修証義は続いて、

西天《さいてん》東土《とうど》仏祖《ぶっそ》正伝《しょうでん》する所は恭敬《くぎょう》仏法僧《ぶっぽうそう》なり

と述べ、三宝を心から信じ敬うことこそが仏教の真髄《しんずい》であることを教えてくれます。

西天《さいてん》とは天竺《てんじく》・インドを指します。東土《とうど》は中国を指します。釈尊から代々のお弟子さまへ伝えられた仏教は、二十八代を経て菩提達磨《ぼだいだるま》大師に至ります。達磨大師はインドから中国へ渡って仏教を伝えます。そして、それは更に二十四代を経て永平寺をお開きになった道元禅師さまへと伝えられたのです。曹洞宗の寺院では、毎朝の勤行《ごんぎょう》の中で、この歴代の祖師方のお名前を唱えます。それは、報恩の気持ちを日々新たにすると共に、その末裔《まつえい》としての自分が、今日只今、その仏法の中に生きているという喜びを心から噛みしめる大切なお勤めなのです。
この連綿と伝えられてきた仏教の真髄は何かといえば、三宝を信じ敬うことであると、修証義は力強く宣言しているのです。素晴らしいことだと手を合わせます。

帰依三宝（第三章受戒入位・その二）

幸福……

「しあわせ」という言葉があります。とても美しい日本語であり、そして、私たちの最も望んでいることでもあります。ところで、この「しあわせ」を文字に書くとき、私たちは「幸せ」「倖せ」「幸福」「しあわせ」の四つの中のどれかを用います。人によって、その選び方はまちまちです。たとえば、テレビの歌番組（演歌）などには画面の下の方に歌詞が出てきますが、それを見ると作詞家の人となりもうかがうことができて、面白いものです。

現在、最も多いのは「幸せ」という書き方ですが（わたしの使っているワープロも「幸せ」となっています）、これは戦後からの風潮だと思います。戦前・戦中の「しあわせ」は「幸福」と書き、また、そのように教えられてきたはずです。

「幸福」と書くべきところを「幸せ」と書くようになって、日本人は駄目になってきたと、ある方が言われました。理由を聞くと、まさにその通りなので、以後、「しあわせ」は「幸福」と書くべきだと心に決め、事あるごとに人様にも勧めています。

「幸」という字は、もともと「夭折《ようせつ》に逆らう願い」を表した文字だと伝えられます。つまり「幼いうちに死ぬことなく、長生きしたい」という字です。

昔は保健衛生や医学の知識が乏しかったために、乳幼児の死亡率が極めて高く、その危険年齢を突破してめでたく成人に達することが、何よりも「しあわせ」なことでした。従って、その切なる願いをこめた「幸」の文字が「しあわせ」と訓読されるようになったのです。

ところが、昔の人たちは、「幸」だけではなく、それに「福」の字を加えて「しあわせ」としました。これは、とても素晴らしいことだと思います。

「福」を漢和辞典で調べてみますと、「さいわい・しあわせ、神から授かる助け、神に供える酒肉、など」となっており、熟語として「福音《ふくいん》→キリスト教における神からの知らせ」「福田《ふくでん》→仏教の僧侶」「福田衣《ふくでんえ》→袈裟《けさ》」「福界《ふくかい》→仏教寺院」「福食→道教で神に捧げる供物」などが載せられています。

以上を要約してみますと、昔の人たちは、単に長生きできたことだけを「しあわせ」と考えず、長生きできたのは神仏のお助けによるものと手を合わせ、その神仏に心から感謝する気持ちも含めて、「幸福」を「しあわせ」と訓読したのに違いありません。また、この場合の神仏とは、神社仏閣に鎮座する宗教的対象だけではなく、自分を育てはぐくんでくれた総ての人々の心も含めて、「神仏」と考えたに違いないと思います。「お蔭《かげ》さま」という言葉がありますが、その「お蔭さま」こそ、今述べてきた「幸福」の考え方を裏付けする美しい言葉だと思うのです。

ところが、戦後になって「幸福」から「福」が除外されてしまい、単に「幸」だけが「しあわせ」と読まれるようになってしまいました。皮肉をこめて言えば、日本人は戦後から、「神仏」も「お蔭さま」も捨ててしまい、ただ長生きさえできればいい！という身勝手な願いだけをもつようになったのです。

なるほど、その願いどおりに、戦後から日本人の寿命はどんどん延びて長寿国家が出現しました。昔言われた人生五十年は人生八十年と書き換えられ、やがて人生百年と称されるようになるでしょう。

しかし、「神仏」も「お蔭さま」も捨ててしまった結果、我がまま勝手で自分さえよければよいという社会になってしまいました。そして、それがエスカレートして、政治屋や高級官僚を筆頭にして、ありとあらゆる悪が蔓延《まんえん》し、金のためならばどんなことでも平気でやってのけるのが当然という世の中になってしまいました。更に、その風潮は大人社会だけにとどまらず、低年齢層まで浸透して、子供による凶悪犯罪が多発するとんでもない国にまで成り下がっています。

因《ちなみ》に「倖せ」と書く「倖」の字は、僥倖《ぎょうこう》という熟語があるように、不相応な幸い・まぐれ当たりの幸運を意味します。この「倖せ」も、何となく現代世相の一面を示唆しているように思われます。

薄福少徳の衆生……

「福」を排除して「幸」だけを「しあわせ」とする人たちのことを修証義は、「薄福少徳の衆生」と称し、

薄福少徳《はくふくしょうとく》の衆生は三宝の名字《みょうじ》猶《な》お聞き奉らざるなり、何《いか》に況《いわん》や帰依し奉ることを得んや

(**意訳↓**薄福少徳の人たちは、仏・法・僧という三つの宝の存在すら知らない。だから、その三宝にすがって真実の幸福《しあわせ》を得ることなど、到底、叶わないのだ)

と、悲しみ憐れみます。

ところで、「神仏」や「お蔭さま」を捨ててしまった薄福少徳の人たち、言い換えれば、自分の力だけで生きていると錯覚している人たちにも、容赦《ようしゃ》なく災難や苦悩が襲ってきます。その

時、薄福少徳の人たちは、慌《あわ》てふためいて邪教《じゃきょう》や迷信に救いを求めようとします。

修証義はそのことについて、

徒《いたず》らに所逼《しょひつ》を怖れて山神鬼神《さんじんきじん》等に帰依《きえ》し、或《あるい》は外道《げどう》の制多《せいた》に帰依《きえ》すること勿《なか》れ。彼は其《その》帰依に因《よ》りて衆苦《しゅく》を解脱《げだつ》すること無し。早く仏法僧の三宝に帰依し奉りて、衆苦を解脱するのみに非《あら》ず菩提《ぼだい》を成就すべし

（**意訳**→襲いかかってくる災難や苦悩を怖れるあまり、山神や鬼神などの迷信にすがってはいけない。また、仏教以外の邪教にすがってもいけない。迷信も邪教も、それにすがったところで、さまざまな苦しみから逃れることは不可能である。だから、早く仏法僧の三宝にすがって、さまざまな苦しみから脱出するだけではなく、真実の幸福《しあわせ》に巡り逢うべきである）

と、親切に導いてくれます。

帰依三宝……

仏法僧の三宝にすがる（帰依する）ということを、修証義は次のように、懇切丁寧に教えてくれます。

其帰依三宝《そのきえさんぼう》とは正《まさ》に浄信《じょうしん》を専《もっぱ》らにして、或は如来現在世《にょらいげんざいせ》にもあれ、或は如来滅後《にょらいめつご》にもあれ、合掌し低頭《ていず》して口に唱えて云く、

「南無帰依仏、南無帰依法、南無帰依僧、仏《ほとけ》は是《こ》れ大師《だいし》なるが故に帰依す、法《ほう》は良薬なるが故に帰依す、僧は勝友《しょうゆう》なるが故に帰依す」

仏弟子となること必ず三帰に依る。何れの戒《かい》を受くるも必ず三帰を受けて是後《そののち》諸戒を受くるなり。

（**意訳**→三宝にすがるときは、先ず、私心を捨てて清らかな心をこめ、如来が在世・不在世にかかわらず、手を合わせて頭を垂れ、「仏に帰依し奉る、法に帰依し奉る、僧に帰依し奉る、仏はこの世で最高の指導者であられるから帰依し奉る、法は心の病を治す最高の良薬であるから帰依し奉る、僧は仏道修行のための最も勝れた友であるから帰依し奉る」と、声に出して唱えなさい。

真実の幸福《しあわせ》を求めるために仏の弟子になりたいと願うならば、何はさて措いても、先ず三宝に帰依する《三帰》ことから始めなければならない。それがどのような戒であっても、必ず三帰を受けた後に、他のさまざまな戒を受けるのが正しいのである。）

感応道交……

仏教には「感応道交《かんのうどうこう》」という言葉があります。『禅学大辞典（大修館書店発行）』の解説を要約しますと、

「感は人々が仏や菩薩の加被力《かびりき》（人々に利益を与える力）を感ずること。応は仏や菩薩が人々の願いに応じて赴《おもむ》くこと。人々の心が仏・菩薩の心に通じ、仏・菩薩の心が人々の心に感ずること。互いに通じあうことを道交《どうこう》と称する」と、なっています。

いわゆる科学的物証を見せつけられないと何も信ずることができなくなった現代人にとって、感応道交という現象は信じ難いことだと思います。それはそれで仕方のないことですが、わたしから見れば、とても淋しい心のありように見え、もう少しロマンチックになってもいいのになあ、とお節介《せっかい》をやきたくなります。

さて、修証義は三宝に帰依することの功徳を次のように教えてくれます。

此帰依仏法僧の功徳、必ず感応道交するとき成就《じょうじゅ》するなり。設《たと》い天上人間地獄鬼畜なりと雖《いえど》も、感応道交すれば必ず帰依し奉るなり、已《すで》に帰依し奉るが如きは生生世世《しょうしょうせせ》在在処処《ざいざいしょしょ》に増長《ぞうちょう》し、必ず積功累徳《しゃっくるいとく》し、阿耨多羅三藐三菩提《あのくたらさんみゃくさんぼだい》を成就するなり。

（**現代語訳→**この仏法僧の三宝に帰依する功徳は、必ず、衆生のたのむ心と、仏の方でそれに応えるはたらきが一つになって、感応道交するとき、完全に現実のものとなるのである。たとい天上界の人でも、人間界の人でも、また、地獄・餓鬼・畜生の身であっても、感応道交して仏の心と通じあうとき、必ず三宝に帰依したてまつるのである。ひとたび帰依したてまつった上は、生まれかわり生まれかわりするいつの世にも、どこのどんな所にあっても、その功徳は増長し、必ず功徳が積み累《かさな》って、阿耨多羅三藐三菩提という無上の仏のさとりを完全に実現するに至るのである）《水野弥穂子先生・訳による》

文中に「阿耨多羅三藐三菩提《あのくたらさんみゃくさんぼだい》」という難しい言葉が用いられていますが、これは「アヌッタラ・サミヤック・サンボーディ」というサンスクリット語を漢語に翻訳しないで発音そのままを漢字に当てはめた言葉です。無理に訳すれば「この上なく完全なさとり」ということになりましょう。このように、内容が極めて深くて大きい場合、敢えて翻訳することなく発音だけを表記するという手段が度々とられています。たとえば「仏陀《ぶっだ》」「菩薩《ぼさつ》」「摩訶般若波羅蜜多《まかはんにゃはらみった》」などがそれです。

仏教を生噛《なまかじ》りした人は「浄土真宗は他力《たりき》の教えで、曹洞宗は自力《じりき》の教えだ」などと言います。これは大きな間違いです。自力の教えなど仏教のどこを探してもありません。総《すべ》て「他力の教え」です。何故ならば、仏教のどの教えでも、先《ま》ず最初に「帰依三宝」が説かれているからです。つまり、仏・法・僧の三宝に心からおすがり（帰依）し、自分の総てをお預けした後に、坐禅などの修行に励むのです。『正法眼蔵・生死《しょうじ》の巻』で、道元禅師さまが教えて下さる「ただ我が身をも心も放ち忘れて、仏の家に投げ入れて」の心境です。そして、その心境に至ったとき、「仏の方からはたらきかけがあって、これに従いゆくとき、力も入れず心も費やさずに生死《しょうじ》の迷いから脱して仏になることができる」とも教えて下さいます。

この教えが「感応道交」の一つのありようです。いわば、全てを三宝に預けきって「全て仏さまのみ心のままに」と思い知ったときにこそ、仏さまの暖かいみ心をひしひしと感じ取ることができる、ということです。

三聚浄戒

（第三章受戒入位・その三）

三歳の孩童、八十歳の老翁……

中国・唐時代に鳥窠道林《ちょうかどうりん》禅師というお坊さんがいらっしゃいました。禅の一派である牛頭宗《ごずしゅう》の名僧でした。

九歳で出家し、修行を重ねて印可《いんか》（悟りの証明）を受けた後、秦望山《しんぼうざん》という所に住み、好んで松の木の上で坐禅をなさいました。お名前の「鳥窠《ちょうか》」というのは、鳥の巣という意味で、その一風変わった坐禅の姿から名付けられたと伝えられています。

八十四歳でお亡くなりになりましたが、その直前、そばにいたお弟子さんに、「私の生命は、今、尽きた」と告げられ、その言葉が終わると同時に亡くなられたそうです。伝記には「坐亡《ざぼう》」

と書いてありますから、坐禅をしたままの姿で亡くなられたわけです。

高僧・名僧と称される方には、さまざまな逸話が伝わっていますが、この道林禅師も例外ではありません。特に、詩人・文人として名高い白楽天《はくらくてん》（白居易《はくきょい》）との問答は、仏教の真髄を語る話として広く知られています。

物語風に紹介します。

「元和元年（八〇六）（この年、日本では空海が帰国して真言宗を開いている）、七年間にわたる猛烈な勉強の苦労が実って、白楽天は最高級官僚の登用試験に合格した。一般には『合格するには五十歳でも早すぎる』と称されたその試験に、三十五歳という若さで合格したのであるから、白楽天の才能は抜群のものであったに違いない。尤も、彼が生涯の親友として心を許し合った微之《びし》は、二十八歳で同じ試験に合格しているから、また、何をか言わんやである。

白楽天の最初の任官は地方の県知事であったが、その地で、彼は生涯の師となる道林禅師にめぐり会う。

秦望山という所に優れた禅僧がいると聞いた白楽天は、会いに行った。すると、その僧道林禅師は、なんと老松樹の枝の上で坐禅をしているではないか。

驚いた白楽天は、思わず言った。

『禅師、そこは余りにも危険です』

道林禅師は答えた、

『太守（知事）よ、あなたのいる所の方が遥かに危険だ』白楽天が言い返した、

『私はこの地の長官です。何の危険がありましょうや』

白楽天には、道林禅師の真意が解らなかったのである。権力争いに明け暮れる高級官僚がひしめいている醜い官界の中で、いつ何時、足元をすくわれて失脚するかも知れないという危険を示唆したのであるが、白楽天にはそれが解らなかったのである。

白楽天には、難関を突破したという自負心があり、得意絶頂《とくいぜっちょう》のときであったので、道林禅師の親切心が耳に入らなかったと思われる。その言葉の通り、中央政府に帰った白楽天は権謀術《けんぼうじゅつ》策《さく》の渦に翻弄《ほんろう》され、ついには讒言《ざんげん》によって左遷《させん》されてしまうことになる。それは後の話。

白楽天は、再び質問した、

『禅師、仏法の極意を教えていただきたい』

道林禅師は、答えた、

『諸々《もろもろ》の悪を作《な》してはいけない。諸々の善を行い奉れ』

白楽天は、あざ笑って言った。

『そのような事は三歳の孩童《こども》でも知っている』

禅師は、言った、

『左様、その通りだ。しかし、八十歳の老翁《としより》でも完全に行うことは至難のことである』
白楽天はその言葉に深くうなずき、以後、道林禅師の弟子となって、教えを受けることとなった」

七仏通戒偈……

道林禅師が白楽天に示した言葉は、『七仏通戒偈《しちぶつつうかいげ》』と称される偈文の一部です。釈尊のお言葉そのままを記した『法句経』などに出ています。全文を紹介します。

諸悪莫作《しょあくまくさ》（諸々の悪を作《な》してはいけない）
衆善奉行《しゅぜんぶぎょう》（諸々の善をつつしんで行え）
自浄其意《じじょうごい》（自らの心を浄くせよ）
是諸仏教《ぜしょぶっきょう》（是れが諸々の仏の教えである）

読んでみると、白楽天が「三歳の子供でも知っている」とあざ笑ったように、実に簡単な、そして、ありふれた教えです。しかし、また、道林禅師が「八十歳の老人でも行いきることのできない」と示されたように、実に難しい教えでもあります。

さて、『七仏通戒偈』というのは、釈尊がこの世に出現される前、つまり、遥《はる》か遠い過去に出現されたと伝えられる七人の仏さまたちが、共通して示されたという「戒めの偈文」のことです。

ここで、皆さんはきっと首を傾げられることでしょう。仏教はお釈迦さまから始まった教えだと聞いていたが、お釈迦さま以前に七人も仏さまがいらっしゃったとは、何かの間違いではないだろうか、と。実は、わたしも若い頃には同じ疑問を感じていました。

過去七仏……

ところが、これは決して間違いではないのです。

法華経《ほけきょう》にも、お名前こそ異なるけれども、釈尊が出現される以前に、遥かな過去から、多くの仏さまたちがこの世に出現されて法を説き続けておられたと記してあるのです。

そして、その過去の時間も、想像することさえできないほど、長い長い時間を経過した過去だというのです。例えば、この銀河系宇宙が出現して滅亡するまでの時間を「一劫《ごう》」と数えて、その百千万億倍の時間と語りかけてくるのです。これはもう圧倒されるほどの数量です。

その量り知ることのできない昔から、①毘婆尸仏《びばしぶつ》、②尸棄仏《しきぶつ》、③毘舎浮仏《びしゃふぶつ》、④拘留孫仏《くるそんぶつ》、⑤拘那含牟尼仏《くなごんむにぶつ》、⑥迦葉仏《かしょうぶつ》という仏さまたちが次々に出現し、七番目に⑦釈迦牟尼仏《しゃかむにぶつ》が出現されたというのです。釈尊を加えて七人の仏、つまり「過去七仏」です。

これは、一体、どういうことを示しているか、といえば、仏教の説く「真理」や「法則」は、銀河系宇宙などの出現するよりも遥かに以前から、厳然として存在していた、ということにほかならないということなのです。しかし、存在はしていたけれども、誰もそれに気づくことがなかったということなのです。

人間として、初めてその「真理」や「法則」に気づかれた方が、釈尊（お釈迦さま）であると申し上げれば、ご納得いただけるのではないか、と思います。

改めて『七仏通戒偈』……

さて、このように考えてくると、『七仏通戒偈《しちぶつつうかいげ》』は、とても重要な意味をもっているということが分かります。つまり、『七仏通戒偈』は、単に、教祖としての釈尊の教えではなく、大宇宙の根源に存在する戒めであるということです。そんな意味で、白楽天《はくらくてん》が道林《どうりん》禅師から受けた教えは、とても重要な教えだったのです。

三聚浄戒……

修証義は、仏・法・僧の三宝を信じて帰依することに続けて、『三聚浄戒《さんじゅじょうかい》』を受けるように促します。（三聚とは、三つの聚まりという意味です）

第一 摂律儀戒《しょうりつぎかい》（すべての悪不善を行わないこと）

第二摂善法戒《しょうぜんぼうかい》（すべての善事を進んで行うこと）
第三摂衆生戒《しょうしゅじょうかい》（すべての人々のために力を尽くすこと）

の三つです。

この三聚浄戒の原型は『華厳経《けごんきょう》』というお経にあるといわれますが、学問的なことはさておき、わたしは前に述べた『七仏通戒偈』に、その心を見いだします。特に、第一摂律儀戒と第二摂善法戒は『七仏通戒偈』そのままだと思うのです。

また、第三の摂衆生戒は、大乗仏教の真髄であり、宮沢賢治《みやざわけんじ》先生の「世界全体が幸福にならないうちは、個人の幸福はありえない」という名言を連想させ、極めて重要な戒めであると受け取ります。

今、私たち日本人に欠落しているものを数えればキリがありませんが、中でも最も欠落しているものこそ、この『三聚浄戒』に違いないと思います。

前節の『七仏通戒偈』で説明したように、この『三聚浄戒』は、仏教徒であろうがなかろうが、人間であるならば何としても守らなければならない根本のルールであるはずです。それを忘れ去り、それをなおざりにしている処に現代の乱れが発生したと思うのです。

何年か前、仙台市の成人式で記念講演された早稲田大学の吉村作治《よしむらさくじ》先生は、新成人のマナーの悪さに激怒され、今後は成人式での講演は絶対にしない！と宣言されました。あの温厚な先生を激怒させるとは、新聞報道を上回る礼儀知らずの行いが多々あったのでしょう。先生のお気持ちがよく解るような気がします。数年前、わたしは金沢市内の某女子専門学校で講演し、あまりの行儀の悪さに呆《あき》れはて、吉村先生と同じ思いをしたことがあります。

更に、「いじめ」や「校内暴力」の続発、そして「少年による凶悪犯罪」の激増に至っては、暗澹《あんたん》たる思いに駆られるばかりです。

この憂うべき傾向に対して、いわゆる世の識者たちはさまざまな提言をしています。しかし、どの提言を聞いても、ほとんど上辺だけの言葉の遊びに過ぎないように感じられます。聞いていると、一応は「なるほど」と思いますが、もう一歩踏み込んで「では具体的にどうすればいいのか」という段階になると曖昧模糊《あいまいもこ》としてしまいます。また、こんなにまで頽廃《たいはい》した原因の追及に言及《げんきゅう》したときには、きまって政治の貧困などを取り上げ、責任者不在の形で処理しようとしてしまいがちです。情けないことです。

人間が人間として生きていくための根本理念である「悪いことをするな！　善いことをしろ！　人々のために力を尽くせ！」それを幼児の頃からたたき込め！」という簡単明瞭なことを、簡単明瞭に発言される方はほとんどありません。

吉村作治先生を激怒させた礼儀知らずの若者たちも、いじめや校内暴力で級友を自殺に追い込む子供たちも、凶悪犯罪を平気でやってのける少年たちも、学級崩壊で問題を投げかけている子供たちも、全て、幼い頃に親たちから人間として生きていくための基本原則である「悪いことをするな、善いことをしなさい、人のために力を尽くしなさい」ということを教えてもらえなかった子供たちだと思います。

修証義の『三聚浄戒』は、決して古臭い教えではありません。用語は何となくいかめしく、また、宗教じみた表現かも知れませんが、その主旨は永遠の昔から永久の未来にかけて、人間として最も大切なことを示しているのです。

右を向いても左を向いても、暗澹《あんたん》たる事件が多発し続け、人類の崩壊・滅亡が予感されるような時代です。だからこそ、仏さまがはっきりと示して下さる『三聚浄戒』を、声を大にして伝え続けたいと念ずるのです。

十重禁戒（一）（第三章受戒入位・その四）

十重禁戒……

「悪い事をしてはいけない、善い事をしなさい、そして、人々のために力を尽くしなさい」という三聚浄戒に続けて、修証義は『十重禁戒』を守ることを勧めます。
十重禁戒とは、仏教徒であるならば当然守らなければならない次の十カ条の戒めです。

第一不殺生戒《ふせっしょうかい》（生き物の生命を奪ってはいけない）
第二不偸盗戒《ふちゅうとうかい》（他人の財物を盗んではいけない）
第三不邪婬戒《ふじゃいんかい》（道ならぬ婬欲に身を任せてはいけない）
第四不妄語戒《ふもうごかい》（嘘、偽りの言葉を口にしてはいけない）
第五不酤酒戒《ふこしゅかい》（酒を売ってはいけない）
第六不説過戒《ふせっかかい》（他人の過失を言い立ててはいけない）
第七不自讃毀他戒《ふじさんきたかい》（自分を褒め他人を貶《けな》してはいけない）
第八不慳法財戒《ふけんほうざいかい》（仏法や財物を施すことを惜しんではいけない）
第九不瞋恚戒《ふしんいかい》（腹を立ててはいけない）
第十不謗三宝戒《ふほうさんぼうかい》（仏・法・僧の三宝を貶《けな》してはいけない）

以上の十カ条ですが、読んでみると、これらのほとんどは、私たち人間が、例《たと》え仏教を信じていなくとも、社会の中で生きていくためには是非守らなければならない基本のルールであることが分かります。いわゆるモーゼの十戒にも通ずるものもあり、いわば全人類共通の戒めであると言っても過言ではないと思います。

以下、一カ条ごとに思いを深めてゆきたいと思います。

第一不殺生戒（生き物の生命を奪ってはいけない）

言われるまでもなく、生き物の生命をみだりに奪うことは許されないことです。ありとあらゆる生き物は意識的にも無意識的にも、自らに与えられた生命を全《まっと》うしたい、と願っているものであり、その願いを他の力に依って中断されるということは耐え難い苦しみであり悲しみに違いありません。自らの欲望を満たすために、他の苦しみや悲しみを犠牲《ぎせい》にすることなど、許されないはずです。

これは、この戒めだけではなく、他の戒めも同じことですが、「いけない」と制止される側からでなく、いけないことをされる側、つまり、この場合、生命を奪われる方の身になって考えることが、より深く納得できると思います。

例えば、いわゆる「生《い》き造《づく》り」と称するお刺し身があります。身をそぎ取られて頭と背骨だけにされた鯛や鯉などが大皿に横たえられ、その背骨の上にそぎ取った身を刺し身として盛りつけるという料理です。そして、その頭が苦しそうにぱくぱくと口を開ける哀れな姿を見て「これは新鮮そのものだ」と料理人は自慢し、食べる方も満足します。しかし、その時、もし「この鯛や鯉が自分だったら」と考えたとき、はたして、新鮮だ、美味しい、などと思うことができるでしょうか。少しでも人間としての良心が残っているならば、目をそむけて箸を執る気にはなれないと思います。

とはいえ、私たち人間は、他の動植物の生命を奪って食べなければ生きてゆけない悲しい存在でもあります。朝昼晩の三食を調えるために、どれだけの生命を奪っているかと考えたとき、慄然《りつぜん》とした思いに駆られます。しかし、敢えて生命を奪い、それを口にしなければ生きていくことはできません。これほど大きな矛盾はないと思います。

この矛盾を前提としながらも、修証義は戒めの第一条に「不殺生戒」を厳然と掲げているということは、一体、何を意味しているのでしょうか。

それは、私たち人間が生きるということは、他の生命の犠牲があってはじめて成り立つという悲しい宿命を、真正面から見つめようとする呼びかけに違いないと思うのです。

禅寺では、食事の前に『五観《ごかん》の偈《げ》』という偈文《げもん》を唱えます。五カ条ありますが、先ず第一番目に、

「一つには、功《こう》の多少を計《はか》り、彼《か》の来処《らいしょ》を量《はか》る」

と唱えます。大意は、「今、頂戴しようとしている食物が、多くの人々の汗の結晶によるものであることを思い、また、食物すべてが尊い生命そのものであることを思い、心から感謝して頂戴します」ということです。

続いて、

「二つには、己《おのれ》が徳行《とくぎょう》の全欠《ぜんけつ》を忖《はか》って供《く》に応《おう》ず」

と唱えます。大意は「自分は人として正しい生き方をしているだろうか、ということを深く反省して、この食物を頂戴します」ということです。つまり、最初の偈文を受けて、人々の汗の結晶であり尊い生命そのもののこの食物を食べるに値《あたい》する生活を、自分はきちんとしているであろうか、という厳しい自己反省です。

この『五観の偈』の二カ条こそ、他の生命を頂戴しなければ生きていくことはできない私たちの悲しい宿命と、それを踏まえての生きる覚悟を、明確に提示している重要な偈文であると受け取ります。

以前、雲龍寺へ来て下さった無着成恭《むちゃくせいきょう》先生のお話です。

「命のあるものを食べなければ、人間は死んでしまうんです。命のあるものの命をいただいて食べるんだから、食べる時には、必ず、手を合わせて『いただきます』って言わなければならないんです。そして、『いただきます』と言う時に、何に向かって『いただきます』と言うのかというと、お米の命をいただいて生かせてもらうんですから、『お米さん、あなたのお命《いのち》を……』というところまでを心の中で念じて、それから『いただきます』と、声に出して言うんです。食べ物をいただくというのは、こういうことですよ。（中略）私の話を聞いた皆さんは、せめて、今夜の夕食から必ず手を合わせてくださいね。そして、まずお膳の上にあるものの名前を心の中でぜんぶ挙げて、『お米さん。味噌汁の中のお豆さんお麦さん。それから、いわしさんもありますね。どうかあなたがたの命を……』って心の中で念じて、『いただきます』と、こう言っていただきたいと思います。

そして、子供や孫に、『おい、ご飯を食べる時に、いただきます、ぐらいはしろよ。誰のおかげで飯が食えると思ってんだ』なんてことは、一切言わないこと。なぜかっていうと、お米の命の前には、お婆ちゃんも、お父ちゃんも、子供も、孫も、嫁さんも、平等なんですよ。だから、人に『いただきます、って言え』なんて言う必要はない。まず、自分がそれをすることが大切です」（水書坊刊「みんなで幸せに」一六二ページ）

これは『五観の偈』の「彼《か》の来処《らいしょ》を量《はか》る」を分かりやすく説かれたお話です。ゆっくり味わっていただきたいと願います。

このように、仏教、特に禅の教えでは、食事を通して生命の尊さに正しく手を合わせ、それを基点として、まっとうな生き方を見定めます。そこに見えてくるものこそ、「底抜けに謙虚《けんきょ》な生き方」に違いないと思います。わたしは、十重禁戒の「第一不殺生戒」を以上のように受けとめます。

今、私たちは……

十重禁戒の「第一不殺生戒」と「五観の偈」から導き出される「まっとうな生き方」として、『生命に対する底抜けの謙虚さ』という生き方を提示させていただきましたが、この生き方こそ、現代の私たち日本人に欠落《けつらく》している生き方の一つではなかろうかと考えます。例えば、近ごろのテレビにしばしば登場する料理番組（ドラマの食事場面は別とします。これには演出家の人格が優先するからです）などを見ていても、手を合わせてから箸《はし》を執るという出演者はごく少数です。また、手を合わせたところで、前述の無着成恭先生のお話のような心が伝わってくる気配は全くないように思われます。

これは、テレビの料理番組だけではなく、一般の風潮も同じように感じられます。言い換えれば、日本人のほとんどが、生命に対する謙虚さを見失い、奢《おご》った生き方しかできなくなってしまったといえましょう。

こんな風潮に毒されていながら、「生命の尊厳」や「生命を大切に」などという大切な言葉を口にしたところで、それは一種の流行語のように軽薄なものになってしまうと思います。もし、そのような言葉を用いたいと思ったときには、先ず、自分自身が奢りを捨て、底抜けの謙虚さに立ち返ったうえで生命の尊さに向き合い、心の底から手を合わせてから、口にすべきだと主張します。また、生命に対する奢りは、人を人とは思わぬ傲慢無礼《ごうまんぶれい》な感覚を育てていきます。

以前、和倉温泉《わくらおんせん》の有名旅館に泊まったときのことです。夕食のお膳の横に、生きた海老《えび》が泳ぐ水盤が並べられました。わたしは仲居に、「これは？」と尋ねました。

仲居はさも得意げに教えてくれました、

「捕《つか》まえて生きたまま皮を剥《む》いて食べるのです。とても美味《おい》しいですよ」

わたしは言いました、

「見た通り、私は僧侶だ。僧侶の私にはそんな残酷なことはできない。この水盤を下げてほしい。そして、できることならこの海老を海に返してやってほしい」

すると、仲居は言いました、

「堅苦《かたぐる》しいことを言わないでよ。そんなことを言う坊さんにかぎって助平坊主《すけべえぼうず》だ……」

客を客とは思わぬ無礼な言葉を聞き、わたしは唖然《あぜん》としました。

温泉旅館の宴会料理は、お客の口に入る量は出てくる料理の六割だと聞きます。つまり、他の四割は残飯として捨てられてしまうのです。それを承知で献立が作られ、また、客の方でも食べ残しが出るくらいでなければ御馳走ではないという奢りで旅館の優劣を計ります。いわば、尊い生命をないがしろにし、踏みにじることが「おもてなし」の原点になってしまっているわけです。ここまで生命を粗末《そまつ》にすれば、客を客とは思わず、人を人とは思わない、不遜《ふそん》で謙虚さの一かけらもない奢りだけの世界に堕落してしまうのは当然のことです。それから以後、わたしはその旅館は無論のこと、和倉温泉へ一度も行っておりません。また、行きたくもありません。

とはいえ、わたしの考えていることも、また、実行していることも、いわば「牛車《ぎっしゃ》に刃向《はむか》う蟷螂《とうろう》（かまきり）の斧」のように、小さくて無駄なことかも知れません。世の中のほとんどが、生命を粗末にし、傲慢に生きることが当たり前という風潮に毒されてしまっていては、『不殺生戒』などカビの生えた古臭い言葉として片付けられてしまいそうです。悲しいけれど、寂しいけれど、世の中の流れとして諦《あきら》めなければならないのかも知れません。

でも、はっきり言えることは、その流れこそ「人類の滅亡」「地球の破滅」に向かって、着実に流れているという事です。誰かが「地球を破滅から救う道は一つしかない。それは人間を一人残らず抹殺《まっさつ》することだ」と言いましたが、ほんとうだと思います。生命を尊重できなくなってしまった人間こそ、不必要なものの代表に違いありません。

十重禁戒（二）（第三章受戒入位・その五）

第二不偸盗戒（他人の財物を盗んではいけない）……

昭和六十年ごろのことです。当時、青少年問題協議会の委員を務めていらっしゃった、わたしの恩師・南万三《みなみまんぞう》先生（故人）が、しみじみとおっしゃいました。

「日本はだんだんと悪くなっていく一方ですよ。そのうち無法国家に成り下がって、滅びてしまうのではないかと思います。まあ、そうならないうちに早く死んでしまって、悲しい目に会わないほうがいいかも知れない。

その理由というのは、近ごろ遭遇《そうぐう》した『万引き事件』の数々から思われることなんです。

たとえば、ある小学校の児童が万引きをして捕まったときのことです。その母親が警察官に向かって、『この前、万引きしたときは百円の品物だったから許してやった。でも、今度は千円もする品物だ。お巡りさん、この子を厳しく叱《しか》って下さい』と言ったそうです。

また、ある中学校の生徒が万引きしたとき、その母親は、『お巡《まわ》りさん、この子は来年、高校入試を迎えます。こんな大事なときに、たかが万引きくらいで、こんなに騒ぎたてては困ります。このために、この子が動揺して勉強ができなくなって、入学試験に失敗したらどうしますか。お巡りさん、責任をとってくれますか』と警官に食ってかかったそうです。

また、ある中学生の母親は、デパートの警備員に、『デパートの商品の価格は、盗難その他の損害を見越して決められているはずだ。だから、この子が一個や二個の品物を万引きしたってデパートは損をしないわけだ。それなのに捕まえて罪に陥《おとしい》れるとは許せない』といきまいたそうです。

いろいろな情報を集積してみると、今後、こんな母親は、増えることはあっても、減ることはないだろうという結論がみえてきたんです。だから、日本の将来について、悲観的な見方しかできなくなってきたんです」

そうおっしゃって、南先生は、とても悲しいお顔をなさいました。

南先生のお言葉通り、日本は日に日に悪化の道をたどりつつあるようです。近ごろの万引きは、罪の意識の有無などの次元を越えて、スリルを楽しむゲームのように行われるようになったと聞きます。また、新聞やテレビに報じられるさまざまな少年犯罪の起因が、遊ぶためのお金欲しさがほとんどであることを知り、暗然とした思いに駆られます。そして、凶悪化することに対して、国は少年法の改正で臨《のぞ》もうとしますが、何となく焼け石に水という感じがします。

先日も、テレビは、「母親が中学二年生の息子に命じて、強盗をやらせた」という事件を報じていました。凄《すさ》まじい時代になったものです。

子供たちの事件だけではありません。大人の犯す犯罪のほとんども「盗む」ことが起因になってエスカレートしたもののように思われます。業務上横領だとか、背任だとかいう言葉に接するたびに、日本が泥棒国家に堕落していく危惧《きぐ》を感ぜずにはいられません。南先生の悲観的予想が、次第に現実化していくようです。

こんな情けない状況を生み出した原因は、お金で全てが量られる経済優先の時代に入ったことや、道義や道徳という大切なものを古臭いといって無視する傾向が生じてきたことや、前述のような盗むという悪に不感症になってしまった母親たちの激増などが複雑にからみ合っていて、これに違いないと断定することはできないと思います。

とはいえ、最も重要な根本原因として、わたしは日本人が日に日に神仏から離れつつある哀れさを指摘したいと考えるのです。

昔の中国人は「天知る、地知る、我知る」として、自分自身の心を整えてきましたが、私たち日本人の親たちは口癖のように「ののさま（仏さま）が見ていらっしゃる」と子供に言いきかせ、悪から遠ざかるように育ててきました。それが今、完全に失われてしまったところに、日本人が醜《みにく》く堕落《だらく》していく、最も大きな原因があると思うのです。

「ののさま（仏さま）」などと口にすると、前述の万引きの母親たちや、かっての日教組などに鍛《きた》えられた?･教員たちは、おそらく、異口同音《いくどうおん》に「迷信だ」「非科学的だ」「封建思想の名残だ」などと反撃してくるでしょう。そして、それが大きな誤解であることを知ろうともしません。そのかたくなな考え方にこそ、日本を駄目にしていく最大の原因が潜《ひそ》んでいると思うのです。「ののさま（仏さま）が見ていらっしゃる」の「ののさま」は、悪行を見張るなどという脅《おど》かしの存在ではなく、一人の人が生きていくために頂戴し続けている多くの人々のお蔭を指しているのです。独りでは絶対に生きてゆけないという「私《わたくし》」を支えてくれる、世間の大きな力を「ののさま（仏さま）」と称し、手を合わせて拝むのです。もし、それを否定しようとする人がいたら、その人はとんでもない傲慢無礼《ごうまんぶれい》な人だと思います。

戦後の教育は、日教組が中心となって、いわば傲慢無礼な人格を、せっせと育ててきたように思います。そして、その結果が、現在の日本の退廃・堕落へと繋《つな》がっているように思います。この辺で、人間の原点に立ち返って、素直に「ののさま（仏さま）」に手を合わせられるような教育を再生しなければ、南先生の悲しい予測そのままになってしまいます。

『梵網経《ぼんもうきょう》』という、仏さまの戒めを説いたお経に、「一本の針、一本の草も盗んではいけない」という一節があります。一本の針・一本の草とは極めて小さなことを指します。つまり、「これくらいならいいだろう」という些細《ささい》な出来心さえも戒めているのです。

と同時に、わたしはこの「一本の草」という言葉に、現在、人間たちが犯し続けている「自然破壊」という大罪を思います。金儲けや自分の趣味を満足させるために、山野草を山野から掘り取ったりすることからはじまって、熱帯雨林の大規模な伐採《ばっさい》まで、全人類がこぞって犯し続けている仕業《しわざ》は、まぎれもなく「盗み」という大罪に違いないと思うのです。

大自然の一木一草は誰の私有物でもなく、全て大自然のものです。それを人間はもっともらしい理屈をつけて、さもそれが正しいことのように破壊し続けていますが、大きな立場から見れば、それは盗みそのものの行為に違いありません。

しかし、それを行わなければ家屋も建たないし、紙も手に入らないことも事実です。皮肉っぽい言い方をすれば、私たち人間は、盗みの上に生活しているということになります。情けないけれど、仕方のないことです。

だとするならば、大自然の破壊という「盗み」にも、節度とルールをもたなければならないと思います。

池波正太郎《いけなみしょうたろう》さんの『鬼平犯科帳《おにへいはんかちょう》』に、本格派の盗っ人の守るべき掟《おきて》として、「盗まれて難儀する者へは手を出さぬこと。人を殺傷せぬこと。女を手ごめにせぬこと」という三カ条が書かれてあります。盗《ぬす》っ人にも三分《さんぶ》の理《り》という諺《ことわざ》がありますが、全くだな、と苦笑します。そして、その掟を守れない下等な盗っ人を「急ぎばたらき」と称して軽蔑し、その所業を憎んだとあります。「急ぎばたらき」は、小判のためならば、平気で人を皆殺しにして跡をくらませます。今、私たち人間が、開発などと称して、大自然を破壊し続けていることは、この「急ぎばたらき」と何ら変わるところのない大罪だと思います。私たち人間が、大自然から常に何かを盗み続けなければ絶対に生きてゆけないという宿命を背負っているならば、せめて本格派の盗っ人になって、三カ条の掟をきちんと守って生きるべきだと思います。急ぎばたらきなど、とんでもない悪行です。

第三不邪淫戒（道ならぬ淫欲に身を任せてはいけない）

「不倫《ふりん》」という言葉があります。辞典で調べてみますと、「人の道に背くこと」となっています。人の道に背く行為であるならば、不倫は畜生（獣）の行為であると言われても仕方のないことです。

「第三不邪淫戒」は、そのような畜生の行為から遠ざかり、人間らしく真っ当に生きることを促す戒めです。

この世に、男と女がいるかぎり、お互いに魅《ひ》かれ合い、求め合うのは当然の心情です。ただ、その心情が行為となって現れたとき、美しいものとなって周囲を彩《いろど》り楽しませるか、或いは、畜生・獣のように醜《みにく》いものとなって周囲の顰蹙《ひんしゅく》をかうかは、当事者の心一つに左右されます。

この「当事者の心」のありようを、西洋の教えは「真実の愛こそ理想とする」などと説き、「愛」を賛美し、讃えますが、仏教は異なります。

仏教では「愛」を「執着《しゅうじゃく》」の表れとし、「苦しみの根源」の一つとして嫌います。従って、「真実の愛」や「理想的な愛」などは存在するはずがありません。たとえば、基本的な苦しみの「四苦八苦」の一つに「愛別離苦《あいべつりく》」という苦しみが数えられていますが、これは「愛する者（執着するもの）には、いつか必ず別れなければならない」という苦しみをいい、その苦しみを避けたいならば、愛すること（執着すること）をするな、と教えるのです。

とはいっても、男であり女である以上、互いに魅《ひ》かれ合い、求め合うのは自然の摂理《せつり》です。その摂理に従いながらも、仏さまの教えに背かない道として、わたしは親鸞聖人ご夫妻のたどられた道を手本とするよう、心からお勧めしたいと思います。

親鸞聖人は、夫人・恵信尼《えしんに》を救世観音《ぐぜかんのん》として拝み、恵信尼もまた、親鸞聖人のことを観音菩薩として拝んでいたということが伝えられています。これは素晴らしいことです。それぞれが相手を観音菩薩として拝むということは、心の底から相手を信じ、心の底から相手を敬うということの、生きた姿に違いありません。よく結婚式などの祝辞に「お互いに信じ合い、敬い合って新しい家庭を」などという言葉を聞きますが、何となく空虚な響きを感じます。しかし、真心から「相手を観音さまとして拝み合い」と言えば、その空虚な響きは消えてしまうと思うのです。そして、そのような心境に至ったとき、はじめて「不倫」などという獣・畜生の行為は無くなってしまうと思います。

しかし、こんな心境に入るまでは、相応の修行？が必要です。女優の竹下景子《たけしたけいこ》さんの話を思い出します。

「私は名古屋生まれで、濃い味噌汁で育ちました。夫は東京生まれで淡白な味噌汁で育ちました。結婚した当初、味噌汁の味のことで、いろいろもめました。しかし、現在は濃くも淡くもない信州味噌を使っており、もめごとはなくなりました……」

これは味噌汁の味だけのことではなく、お互いが育った家の家風をはじめとして、全てのことを認め合い、尊重し合っていくことが、夫婦生活の秘訣《ひけつ》だということを示唆《しさ》した話だと思います。そして、そんな気持ちになることこそ、相手を観音さまとして拝む第一歩に違いないと思うのです。

十重禁戒（三）（第三章受戒入位・その六）

第四不妄語戒（嘘、偽りの言葉を口にしてはいけない）

俗に「嘘《うそ》は泥棒《どろぼう》の始まり」といいます。なるほど、と思います。諸悪の出発点は、確かに「嘘をつくこと」にあると思います。心して、嘘から遠ざかるように心がけねばならないと思います。

ところで、この「嘘」には二つの「嘘」があると思います。一つは、自分のために口にする「嘘」であり、もう一つは他の人のために口にする「嘘」です。

前者こそ、諸悪の出発点となる要素を孕んだ、いわゆる「嘘」です。この「嘘」を口にすると、「嘘は嘘を呼んで」取り返しのつかないところまで追い込まれてしまいます。

後者は、仏教の世界では「方便《ほうべん》」と称せられて、仏さまの偉大なお力の一つにも数えられている一種の教化手段です。一般に「嘘も方便」などと言われていますが、これは誤った言い方だと思います。「嘘」と「方便」は、きちんと使い分けて、曖昧《あいまい》に混同すべきではないと思います。

従って、この「第四不妄語戒《ふもうごかい》」の主旨は、あくまでも「嘘」を戒めている項目であり、「方便」とは関係のない項目だということを、あらかじめお断りしておきます。

昭和六十年の「こころの集い」で、無着成恭《むちゃくせいきょう》先生は、とても大切なことを教えて下さいました。

仏教には『不妄語戒』というものがありますが、お釈迦さまはね、『嘘は絶対につくな』っていうことは言っていないんです。嘘というのは弱い人が自分を守るためにどうしてもつかなければいけない時があるって、お釈迦さまが言っているんです。だから、嘘というのは必ず弱い人が強い人に向かってつくんだと、お釈迦さまは言っているんです。たとえば、大人は腕力《わんりょく》があって強くて、『おまえ、盗《と》ったんだろ、コノヤロー』なんて、バーンとぶん殴《なぐ》ったりするから、子供は、お菓子を盗っていても『盗っていない、盗っていない』って嘘をつくわけですね。だから、子供が嘘をつくようになる背景には、必ず、子供を怒ったり殴ったりする大人の存在があるわけです。子供は、生まれつき嘘つきなのではなくて、嘘をつかざるをえないように育てられたから、嘘つきになるんです。つまり、力のない者は嘘をつくことによって自分を守るんだっていうことです。

だから、お経の中にも書いてありますが、一番弱い人は百パーセント、嘘をついてもいいんです。会社でいえば、新入社員は百パーセント嘘をつく権利を持っている。係長は八十パーセントぐらい。課長は六十パーセント。部長は二十パーセントぐらい。そして、社長は絶対に嘘をついてはいけないんです。これを一国で言うならば、国民は嘘をついてもいいけれども、総理大臣は絶対に嘘をついてはいけない、っていうことです。それではじめて、国家というものが保たれるわけです」(水書坊刊『みんなで幸せに』一五三ページ)

これはとても重要な指摘だと思います。繰り返し読んで、納得していただきたいと願います。

林鐘園《りんしょうえん》の園長をしていた頃、嘘をつく多くの子供と出会いました。いわゆる「みえすいた嘘」を平気で口にする子供です。彼らの家庭状況を調べてみると、荒れた家庭の子供が多く、親たちは自己本位の理屈を感情的に子供にぶっつけたりする傾向が目立っていました。一歩間違えると、虐待《ぎゃくたい》になりかねない子育てを受けてきたわけです。これでは、無着先生のおっしゃる通り、子供は自己防衛のために、一時しのぎの嘘を次から次へと口にするようになります。

また、遺伝?とも思える嘘つきの子供にも出会いました。詐欺罪《さぎざい》を犯しては刑務所へ入れられる親の子供を観察していると、つい、遺伝ではないだろうか、と思ったりしてしまいます。しかし、それは間違った考え方で、嘘の遺伝などあるはずがありません。親が他人をだますことを生活の手段にしているのを見て、それが正しいことだと信じてしまっているせいだと思います。そして、親の詐欺《さぎ》常習犯も子供のころに、嘘をつかなければならなかった育てられ方をされていたに違いないことを考えるとき、わたしはいいようのない悲しさを感じて、ため息をついてしまいました。

林鐘園の指導員は、その子供の嘘を矯正《きょうせい》しようとして、苦心していました。あるときは諄々《じゅんじゅん》と言い聞かせたり、あるときは厳しく叱ったりしていました。でも、その願いはなかなか達成できませんでした。その時はしおらしく約束するのですが、少し時間が経つと元《もと》の木阿弥《もくあみ》でした。憤慨した指導員は再び厳しくお説教を試みます。そんな繰り返しを見て、わたしは指導員に注意しました。

「厳しいにしろ優しいにしろ、お説教というものは、強い者が弱い者に対して行う所業だ。人間、特に子供は、強い相手から身を守るために嘘をつくのだ。だから、ほんとうに嘘から遠ざけるためには、子供を強くしてやらなければならないのだ。そのためには、何でもいいから長所を見つけてやって、それを心から喜んで褒《ほ》めてやることだ」

指導員はどれだけ理解してくれたか分かりませんが、わたしはそのように命じました。しかし、これは一朝一夕に効果の現れるやり方ではなく、長い時間と強い忍耐を必要とするやり方です。ともすると即効的に結果を求めようとする人間にとって、心理的にかなり苦しいやり方ですから、短気な人にとってはできないことかも知れません。
ともあれ、嘘から遠ざかり「不妄語戒」を遵守《じゅんしゅ》することはなかなか難しいことだと思います。

方便について……

ここで、嘘と混同されがちな「方便《ほうべん》」について、説明しておきます。漢和辞典には、「方便→仏教用語で、仏が衆生を救うために、仮《かり》に設けた手段」と書かれており、偽《いつわ》りとか嘘などという言葉は用いてありません。ですから、前に述べた「嘘も方便」などという使い方は、単に嘘を言い逃れするための詭弁《きべん》にしか過ぎず、使うことを止めた方がいいと思います。

法華経《ほけきょう》には、この「方便」という語が、至るところに出ており、仏さまの智慧の深さを示しています。その中でも、第十六章の『如来寿量品《にょらいじゅりょうぼん》』の「方便」は有名です。

「沢山の子供をもった医者がいた。その医者の留守中に子供たちは誤って毒薬を飲んで苦しんだ。医者は早速、香りも味も良い薬を調合して子供たちに与えた。素直に服用した子供はすぐに治ったが、毒のために本心を失った子供は服用しなかった。そこで、父である医者は旅に出て、旅先から『父は死んだ』と伝えさせた。すると本心を失った子供は悲しみのあまりに本心を取り戻し、薬を服用して回復することができた」

という話です。

この場合、『父は死んだ』という伝言は、いわゆる「嘘」です。しかし、それは医者が自分の保身のために口にしたものではなく、あくまでも子供たちの幸福《しあわせ》を願っての言葉です。このような言葉を「方便」といい、「嘘」とはっきり区別しなければなりません。

第五不酤酒戒（酒を売ってはいけない）

『不飲酒戒』という戒めもありますが、ここではそれを含めて話を進めたいと思います。

この『不酤酒戒《ふこしゅかい》』『不飲酒戒《ふおんじゅかい》』の説明ほど、難しいものはないと、頭を抱えこんでしまいます。何故ならば、日本人の成人の大多数がお酒を飲み、お酒を嗜《たしな》むからです。わたしも晩酌《ばんしゃく》は欠かしませんし、少量のアルコールは健康にも良いようです。また、冠婚葬祭に付いて回るのもお酒ですし、神社の祭礼にはお神酒《みき》を欠かすことができません。雲龍寺でも、お正月のお供えには「お神酒」「鏡餅」「お洗米」を揃えるのがしきたりになっています。

『不酤酒戒』『不飲酒戒』をお説きになったお釈迦さまに、お正月とはいえ、お酒をお供えするとは、こんな大きな矛盾はないようにも思われます。

このことについて、ある先生は、「仏教の生まれたインドと日本は風土が異なるのだ。日本はどちらかというと寒い季節が多い。だから酒を飲んでも怠惰《たいだ》に陥ることは少ない。むしろ元気になるくらいだ。しかし、インドで酒を飲むと怠惰になって修行など到底できない。また、暑い風土ではあまり飲む気にもなれないだろう」と教えて下さいました。しかし、何となく、こじつけの言い訳のように思われて、心から納得できなかったことを記憶しています。その先生のおっしゃりたかったことは、「仏教・宗教も、歴史の変遷と風土の違いによって、変化していくものだ」ということかも知れません。

ともあれ、俗に「酒に呑《の》まれる」「酒に溺《おぼ》れる」などと言われるように、酒には理性を狂わせる魔力があって、注意しなければならないことも事実です。

インドの原始経典には、次のように述べられてあります。「酒は人を怠《なま》けさせる。酒に溺《おぼ》れる者には六つの禍《わざわい》がある。一つには財産を失う。二つには口争いをする。三つには病気の元をつくる。四つには評判が悪くなる。五つには恥知らずの行為をする。六つにはものを考える知力を失う」（長部経典・三十一経）

何だか思い当たる項目もありそうです。わたし自身も、若い頃に泥酔して失敗した苦い経験もあります。面目ないことです。

また、室町時代の得勝禅師は、

「定心《じょうしん》を乱し、諸罪を犯すこと、飲酒よりも甚だしきはなし」（塩山和泥合水集・巻上）

と、ズバリ、教示しています。

その他、『大智度論《だいちどろん》』『提謂経《だいいきょう》』『分別善悪所起経《ふんべつぜんあくしょききょう》』など多数の経典にも、酒の弊害が述べられています。

とはいえ、やはり飲みたいものは酒です。社交という面から考えても、酒は欠かせないものです。

浄土宗をお開きになった法然上人のお言葉に、とても味わい深いお言葉があります。『百四十五箇条問答』という本の中に出ているお言葉です。

この『百四十五箇条問答』は、弟子や信者の問いに対して、念仏・信心のありようを上人がお答えになられたもの記録した書物です。

「酒飲むは、罪にて候か。答う。まことには飲むべくもなけれども、この世のならい」（訳・「酒を飲むのは罪になるでありましょうか」という問いにお答えになって、法然上人は「ほんとうは飲んではいけないけれども、この世のならいなので」と言われた）

こんな正直なお言葉はないと感心します。厳しく「酒は駄目だ」と取り付く島もないような冷たい言葉でもなければ、「般若湯《はんにゃとう》だ」とごまかすような狡《ずる》さもありません。正直に、そして、素直に、生きられた様子が伝わってきます。

お酒というと、わたしは亡き師父の教えを思い出します。「宴席に出ると、僧侶は上席に坐らされる。そして、次々に献盃《けんぱい》を受けなければならない。それを奇麗に飲み干すことが礼儀だ。覚悟して宴席に出るように」

しかし、体質的に酒に弱いわたしは、この教えにだけは従うことはできません。情けないことです。

十重禁戒（四）（第三章受戒入位・その七）

第六不説過戒（他人の過失を言いたててはならない）

『葉隠《はがくれ》』という書物があります。江戸時代、佐賀藩士であった山本常朝《やまもとじょうちょう》が語った武士道の心得を、田代陣基《たしろつらもと》という人が書き留めた書物です。大東亜戦争中、軍部によって間違った読み方をされたために、『葉隠』の評価は「危険な書物」として冷遇されていた時もありました。しかし、全巻を丹念《たんねん》に読んでみると、とても素晴らしい書物であることが解ります。特に、現代の私たちが忘れてしまっていること、そして、そのために不必要な不幸を招いていることが、いくつも書かれてあります。勿論《もちろん》、武士道の心得が主題ですから、現代にそぐわない点も散見されますが、それを除けば、現代人の必読の書物の一冊に違いないと思います。

その中の「人を批判する方法」という一節を紹介します。原文は古文体ですから、現代文に書き直します。

人に忠告して、その人の欠点を直してあげるということは、とても大切なことである。それは、大きな慈悲の行為であり、また、社会に対しての務めでもある。しかし、その忠告の仕方というものは、実に困難なものでもある。

他人の欠点を発見することは容易である。また、それを指摘して忠告することも簡単である。一般に、人の聞きたくないこと、他人に言われたくないことを、敢えて言って聞かせることが親切のように思いこみ、相手がその忠告を受け入れなかったときは『力が及ばなかった』と言う。こんなやりかたは、何の役にもたたない無益なことである。単に、人に恥をかかせ、面と向かって悪口を言っただけに過ぎない。いわば、忠告する側の人間が、自分の気晴らしに言ったまでのことだ。

忠告は、先ず相手が受け入れてくれるか否《いな》かという様子を見分け、互いに心を打ち明け合うほどの仲になり、こちらの言葉を信用させるようにしなければならない。

その上で、趣味などの話から引き込んで、言い方をいろいろ工夫《くふう》し、最良の機会を見つけて、ある時には手紙などを利用し、ある時には帰りがけなどに、例えば自分の欠点や失敗談を語り、直接、忠告をしなくても、相手に思い当たるように仕向《しむ》けてやる。また、相

手の長所を見つけて褒《ほ》めあげ、気分を引き立ててやるように工夫する。そして、喉が渇いたときに水を欲しがるように、忠告を受け入れさせるように仕向けていく。このようなやり方こそ、相手の短所を直してやる忠告である。

短所などというものは、長い歳月の間に身についてしまったものであるから、殊《こと》の外《ほか》、難しいものなのである。簡単に直せるものではない。私自身にも覚えのあることである。同僚同志、友達同志、常日頃から打ち解け合って短所・欠点を直し合い、心を一つにして、世のために力を尽くすことこそ『大慈悲《だいじひ》』というものだ。それなのに、面と向かって言いにくいことをずばずば言ったりして、相手に恥をかかせるだけでは、欠点も短所も直るはずがないではないか。

以上が『葉隠』の「聞書第一《ききがきだいいち》・人を批判する方法」の全文です。武士の忠告などというと、言いにくいことをずばずば言って、とどのつまりは切腹か果たし合いだろうとお思いの方は、きっとびっくりなさったことと思います。このように丁寧で暖かい心遣いは、現代のカウセリングにも似て、実に素晴らしいことだと驚嘆してしまいます。

さて、修証義十重禁戒の第六不説過戒《ふせっかかい》は、**他人の過失を言いたててはならない**という戒めですが、その趣旨は今、紹介した『葉隠』の一節によってもよくお解りのことと思います。

『葉隠』を口述した山本常朝は、若い頃に曹洞宗の傑僧・湛然《たんねん》禅師の薫陶《くんとう》を受けたと伝えられていますから、彼の思想の根底には、曹洞禅の考え方が根づいていたものと思われます。その一つとして、今、紹介した一節の中に「大慈悲」という言葉が用いられていることを指摘することができると思います。

慈悲《じひ》とは、自分個人の思いや欲得を捨て、相手と同じ心になりきることです。相手が喜びに出会えば我がことのように喜び、相手が悲しみや苦しみに遭遇すれば自分のこととして悲しみ苦しむ心です。イギリスの諺《ことわざ》に「共に喜べば二倍の喜び、共に悲しめば半分の悲しみ」というのがありますが、古今東西、人が人と共に生きる道の根本は、慈悲を第一とするようです。

その慈悲の心をもって他に対するとき、それが例え忠告という行いにせよ、『葉隠』に示されたような心遣いとなって現れるのは、至極尤《もっと》もなことだと思います。

また、『葉隠』は「諫《かん》という詞《ことば》、はや私《わたくし》なり。諫はなきものなり（聞書第二）」と言いきっています。諫とは諫言《かんげん》のことです。「尤もらしい諫言であっても、それは私（自分の思い）を相手に押し付けようとする行為であるから、慈悲の行いではない、だから諫言など存在はしないのだ」という意味です。

この言葉について、神子侃《かみこただし》先生は次のように解説していらっしゃいます。

「表立って主君に諫言などするのは、すでに感心しない。もし真に主君のことを思っているならば、日ごろの心がけによって主君の言行を善導し、諫言の必要などないようにしておかねばならぬ。そういう配意と努力を怠り、主君が誤りを犯すまで放置しておいて、後から諫言などするのは、自分の忠節ぶりをひけらかす心からに過ぎない」（徳間書店刊『葉隠』二三四頁）

第七不自讃毀他戒（自分を褒《ほ》め他人を貶《けな》してはいけない）

越後の良寛さまが書き遺されたものの一つに、『戒語《かいご》』という書物があります。（正しくは、良寛さまのお弟子さんの貞心尼が、お師匠さまの仰せになったことを記録したもので、『良寛禅師戒語』と名付けられていますう）

この『戒語』は、誰が読んでも分かりやすい箇条書きの平易な文体で、九十カ条から成り立っています。

その九十カ条の全てを紹介すると紙面が無くなってしまいますから、一部だけを抜き書きします。

一、ことばの多き。
一、手がら話。
一、自慢話。

一、おのが素性《すじょう》の高き事を人に語る。
一、さしでぐち。
一、とわず語り。
一、ことごとしくもの言う。
一、人のもの言いきらぬうちにもの言う。
一、よく心えぬ事を人に教うる。
一、人の話の邪魔する。
一、さしたる事のなきことをこまごま言う。
一、好んで唐語（からことば・外国語）を使う。
一、さとりくさき話。
一、茶人くさき話。
一、しめやかなる座にて心なくもの言う。
一、わざとむぞうさに言う。
一、へらず口。など……

九十カ条の一部ですが、読んでみると「なるほど」と合点します。ここに示されたものだけでも、常に実践に努めておれば、好《この》ましい人物になれると思います。その反対に、この戒めを無視し続けたならば、鼻もちならぬ嫌《いや》らしい人間になること請《う》け合いです。特に、はじめの方の「手がら話」「自慢話」や「自分の素性の高いことを誇る話」などは、人から嫌われるに充分な原因となるでしょう。

とはいえ、人間には、人から嫌われたくない・人から褒《ほ》められたい・人に認《みと》めてもらいたい・少しでも人の優位に立ちたい……などという願望があり、そのために、つい「手がら話」や「自慢話」を口にしてしまう傾向があるようです。わたしにも、そんな傾向があるようで、それに気づいたとき、すっかり自己嫌悪に陥《おちい》ってしまいます。

また、「手がら話」や「自慢話」の裏側には、他人を貶《けな》す心も動きます。つまり、他人の欠点を言い立てて、自分の正しいことを主張しようという心です。これも、あまり格好のいいことではありません。

修証義の第七不自讃毀佗戒《ふじさんきたかい》とは、「手がら話」や「自慢話」、そして、その裏側の「他を貶《おとし》める」ことなどを戒めているのです。お互いに、短い人生を楽しく充実して生き抜くためには、是非、守っていきたいものです。

第八不慳法財戒（仏法や財物などを、他に施すことを惜しんではいけない）

法華経第二十二章『嘱累品《ぞくるいぼん》』は、法華経全二十八章の中でも、わたしにとっては忘れられない一章です。そこには、如来さまが菩薩たちの頭を撫《な》でながら、法華経を広めることをお勧《すす》めになっている様子が描かれているからです。

生命の灯がまさに消えようとしていた師父が、わたしを傍《かたわ》らに呼んでは頭を撫《な》でてくれた切ない思い出と重なって、この『嘱累品』を読む毎に、目頭の熱くなるのを覚えます。

また、この『嘱累品』には、「慳悋《ものおしみ》してはいけない」という言葉が二か所に用いられていることも、わたしの心をとらえます。

一つは「如来には大慈悲あり。もろもろの慳悋なし（仏には大きな慈悲心があって、全てのことについて決してもの惜しみしない）」

いま一つは「汝らもまた、如来の法を学ぶべし。慳悋を生ずること勿《なか》れ（お前たちも如来の教えを学びなさい。そのとき決してもの惜しみの心を生じてはならない）」

という教えです。

前者は、仏さまの惜しみなき深い慈悲の心です。後者はそれを学ぼうとする私たちの気持ちの在り方です。教えそのものにも、もの惜しみの心はなく、また、その教えをいただく者も、もの惜しみの心を抱いてはいけない、と諭《さと》されるのです。修証義の「第八不慳法財戒」は、この如来の大慈悲から発せられた仏教の基本理念の一つとして戴くべき、大切な心のありようだと思います。

そして、この心のありようは、後で述べさせていただく修証義第四章『発願利生《ほつがんりしょう》』の「布施《ふせ》行《ぎょう》」にも大きく関《かか》わっています。大乗仏教の特色の一つである布施行を正しく理解し、実践をするためにも、この「不慳法財戒」は、是非、守らねばならない戒めだと思います。

十重禁戒（五）（第三章受戒入位・その八）

第九不瞋恚戒（腹を立ててはいけない）

瞋恚《しんい》とは、「自分の心に逆らうものをいかりうらむこと。怒り。三毒の一つ。（『広辞苑』による）」です。

三毒とは、人間を底無しの不幸に引きずりこみ、破滅させてしまう三つの煩悩《ぼんのう》「貪欲《とんよく》（貪り）」「瞋恚《しんい》（怒り）」「愚痴《ぐち》（智慧の無い愚かさ）」をいいます。略して、「貪瞋痴《とんじんち》の三毒」と称する場合が多いようです。

お釈迦さまは、この三毒を消滅させて不幸から遠ざかるようにと、繰り返し教えて下さいます。

たとえば、

「多欲《たよく》の人は利《り》を求むること多きが故に苦悩もまた多し。少欲《しょうよく》の人は無求無欲《むぐむよく》なれば則《すなわ》ち此の患《うれい》無し」

「瞋恚《しんい》の害は、もろもろの善法を破る。瞋心《しんしん》は猛火《みょうか》よりも甚《はなは》だし。常に防護して入ること勿《なか》るべし」

「智慧あれば貪著《とんじゃく》なし。智慧あれば肉眼なりといえども、明見《みょうけん》の人なり」（『仏遺教経』より）

などと、あらゆるお経の中で三毒を戒めて下さいます。しかし、そのお言葉を理論・理屈として理解することは容易であっても、自分のものとして実行・実践することは中々容易なことではありません。つい三毒に害されてしまい、その結果、当然のこととして苦悩を招いてしまいがちです。

十重禁戒の第九不瞋恚戒《ふしんいかい》は、そんな苦悩を招くことのないようにと、三毒の一つである「瞋《しん》恚《い》」から遠ざかることを教えてくれるのです。

瞋恚には、「瞋恚の炎」と称されるほどの激しい憎悪から、他人の成功を心ひそかに嫉妬するような陰性?のものまで色々ありますが、どんな理由を付け加えようとも、すべて何一つ良いことのない心の動きだと思います。良いことがないどころか、とても恐ろしい結果を招くことにもなりかねない煩悩《ぼんのう》の一つに違いありません。

平成十一年六月二十一日、厚生省は子供の虐待について、悲しい数字を発表しました。十二歳未満で亡くなった子供の死因を調査したところ、過去五年間で二百四十五人の子供が「虐待《ぎゃくたい》」が原因で死亡しているというのです。

一年間平均四十九人という人数は、一見、少ないようにもみえますが、実際はとても恐ろしい数字だと思います。何故かというと、死亡した子供がそれだけいるということは、死亡に至らないまでも、それに近い虐待を受けている子供が、その数百倍もいるに違いないということを物語っているからです。事実、この近年、児童相談所へ持ち込まれるケースに虐待が急激に増加していますし、虐待する親から引き離して養護施設などで保護する子供も増え続けています。林鐘園《りんしょうえん》にも次々に措置されてきているようです。

聞いてみると、収容した子供の精神状態は極端なまでに混乱しており、僅《わず》かの刺激に対して病的なまでの反応を示すそうです。そして、その治療法は現在のところ効果的なものはなく、全く五里霧中《ごりむちゅう》の状態です。それどころか、治療不可能という声も耳に届きます。

これは当然のことだと思います。人間が人間らしく育っていく基礎の段階、つまり十歳頃までの間に、極めて不自然に、極めて非人間的に扱われるのが虐待であるからです。

人間は十歳前後まで、他の誰よりも母親を信じ、母親に頼りきって育ちます。また、母親も自分を犠牲にしてまで我が子を慈《いつく》しみ愛します。それが当然の姿です。人間だけではなく、他の動物たちも同じです。保育期間の差はまちまちであっても、動物（人間も含む）は、子が自立可能に至るまで、しっかり面倒をみるのが自然の姿です。

その大切な時期に、信じて頼るべき親、特に母親から憎しみの暴力を繰り返し受けたり、いかに空腹でも食事を与えられなかったり、また、徹底的に放置され続けたりしたならば、精神的な歪《ゆが》みが生じてくるのは当然のことです。

厚生省は更に怖い数字を付け加えています。それは、子供を死なせた、というよりも子供を殺した加害者は、実母が六十三件、実父が三十一件という数字です。これも、前述したことと同様に、六十三件というのは殺した件数であり、この数字は、その数百倍とも想像される数の、虐待する母親が潜んでいるという数字です。

どうして、こんなにも恐ろしい母親が増えてきたのでしょうか。さまざまな原因が複雑に絡《から》みあって、単純に指摘できないと思いますが、わたしなりに考えてみますと、少子化や贅沢《ぜいたく》なまでの豊かさが、歪《ゆが》んだ母親たちを作り出した原因の一つではなかろうかと思うのです。

少子化と豊かさは、ときとして、必要以上の経費と手間をかけ過ぎる、いわゆるオンブにダッコという至れり尽くせりの子育てになりがちです。結果、甘やかされて育った子供の心には、我慢《がまん》や自制心《じせいしん》など全く育たず、極めて自己中心的な人格が作られてゆきます。愛されたり、可愛がられたりすることは人一倍望むくせに、他を愛し可愛がる心と術《すべ》を知らない人格です。

そんな人格に育てられた女性が、結婚して母親になったとき、何かのきっかけで発生するのが、悲惨な虐待事件だと思うのです。眠くてしようがないのに赤ちゃんが夜泣きを止めてくれない……どれだけ言い聞かせても一向に言うことを聞いてくれない……などという乳幼児としては当たり前の感情表現の一つ一つが心をいらいらさせ、果ては子供に対して憎しみまで感じてしまいます。この文の最初に、広辞苑の「自分の心に逆らうものをいかりうらむこと」という説明を引用しましたが、まさにその通りの現象です。虐待に走る母親とは、いわば、瞋恚《しんい》を押さえることのできない、瞋恚まる出しの哀れな女性といえましょう。

長々と虐待について述べてきましたが、理由は、瞋恚の害の恐ろしさを知っていただくと共に、今、徐々に訪れつつある過去の間違った子育ての報い、それも、閉鎖された家庭という密室の中へ訪れて来つつある恐怖の報いを知っていただきたかったからです。そして、もし、ご近所に「虐待を受けているのではなかろうか」という懸念を感ずるような家庭があったならば、躊躇《ちゅうちょ》せずに最寄りの児童相談所へ知らせていただきたいとお願いしたかったからです。

では、この恐ろしい「瞋恚」を防ぐには、どうしたらいいでしょうか。いろいろ手段があり、仏教のいわゆる「行《ぎょう》」は、そのほとんどが「瞋恚」を消し去るためにあるといっても過言ではないと思います。

その中の一つとして、次に述べるような考え方をよく理解して、少しでもそれに近づきたいと常に願うことを、お勧めしたいと思います。

禅寺では食事のときに「五観《ごかん》の偈《げ》」という言葉を唱えます。その三番目に、

三つには、心《しん》を防ぎ過《とが》を離るることは貪等《とんとう》を宗《しゅう》とす

とあります。意訳してみますと、

「心が貪瞋痴《とんじんち》の三毒に害されるのを防ぎ、罪過から離れるためには、自己中心の貪《むさぼ》りの心を制することが最も肝要である」（宗とは、「おおもと・根源」という意味です）なるほど！と思います。静かな気持ちで、深く考えてみると、「全ての苦しみや禍、また瞋恚の根源は、自己中心の貪り・貪欲である」ということが解ってきます。

衣食住のことを始めとして、名声や地位・権力に至るまで、私たちは底知れぬ貪《むさぼ》りを抱きがちです。そして、その貪りは、私たちが快適に生きていくためにいわば本能的に抱くものとはいえ、その思いとは裏腹に、どれだけの苦しみや過《あやまち》をもたらしているか分かりません。

だからこそ、お釈迦さまは「少欲になりなさい」「足りることを知りなさい」と教えられ、貪りを起こさせる美衣・美食や名声・地位・権力などは幻《まぼろし》のようなもので、真実の幸福《しあわせ》から遥かに隔たるものだと諭《さと》されているのです。

お釈迦さまの教えを正しく頂戴して、少しでも貪りから遠ざかろうと努力するならば、瞋恚

の害から徐々に遠ざかることができると思います。どうぞご精進下さい。

ただし、自己中心の貪りではなく、全ての人々を幸福《しあわせ》にしたいという貪りは、是非、抱いていただきたいと願います。大般若経《だいはんにゃきょう》は、その貪りを「大貪《だいとん》」と称し、大貪が成就すれば「大楽《だいらく》」が成就して大きな悟を得ることができると示しています。

第十不謗三宝戒（仏法僧の三宝を貶《けな》してはいけない）

仏とは、無限の過去から無限の未来まで変わることのない大宇宙の道理であり、また、それを人類として最初に悟られたお釈迦さまであり、そして、お釈迦さまのお悟りを象徴するさまざまな如来さま方（例えば、大日如来・薬師如来・阿弥陀如来など）のことです。

法とは、お釈迦さまがお悟りになられた大宇宙の道理と、その道理を理解し体得して、真実の幸福《しあわせ》に到達するための、さまざまな手順や方法を詳細に述べた道しるべのことです。

僧とは、お釈迦さまのお悟りになられた大宇宙の道理を信じて疑わず、お釈迦さまの教えられた手順や方法に従って、真実の幸福《しあわせ》を求め続ける人たちのことです。

だから、仏法僧の三つは、仏教徒であろうがなかろうが、凡そ、この大宇宙に生を受け、真実の幸福《しあわせ》を得たいと願う者にとっては、かけがえのない宝と称すべきものなのです。修証義に「仏は大師《だいし》（最高の指導者）なるがゆえに」「法は良薬《りょうやく》（心の迷いを消す最高の薬）なるがゆえに」

「僧は勝友（最も勝れた友）なるがゆえに」と示してある通りです。

この「仏・法・僧の三つの宝」を謗《そし》り、ないがしろにし、否定するということは、とんでもないことであり、決してしてはならないことだと、修証義は戒めているのです。

当然のことです。「仏法僧の三宝をないがしろにすると罰が当たる」などという低い次元の問題ではなく、仏法僧の三つの宝をないがしろにするということは、大宇宙の道理を否定するということ重大問題になるからです。大宇宙の道理を否定すれば、真実の幸福《しあわせ》から遥かに遠ざかってしまい、永久に迷い続け、ひいては、自分自身という尊い存在をないがしろにし、粗末にするという、極めて不幸な結末を招いてしまいます。だからこそ、修証義は大慈悲の心をもって「三宝を大切にせよ」と諭してくれるのです。

十重禁戒……

さて、これまで「十重禁戒」を考えて参りました。

この十カ条の戒めを通して伝わって来ることは、

「尊い命を戴いた自分自身を大切にし、また、それ以上に他の人々をも、心から大切にする清《すが》々《すが》しい生き方」だと思います。この清々しい生き方こそ、私たちの曹洞宗が属している大乗仏教の願いであり、その願いを実現させるための具体的な指針としての「十重禁戒」であることを心に銘じていただきたいと思います。

十重禁戒は、決して「厳しい枠《わく》の中に閉じこめて、堅苦しい禁欲生活を強制する」というものではなく、「この十重禁戒を絶えず思い続けるならば、着実に、真実の幸福《しあわせ》に近づき、ほんものの自由の境地に至ることができる」という、素晴らしい道しるべなのです。

受戒のすすめ

（第三章受戒入位・その九）

仏祖正伝菩薩戒……

以上、⑴三帰戒《さんきかい》 ⑵三聚浄戒《さんじゅじょうかい》 ⑶十重禁戒《じゅうじゅうきんかい》を説明して参りましたが、この三つを総称して「仏祖正伝菩薩戒《ぶっそしょうでんぼさつかい》」といい、また、簡略に「十六条戒」ともいいます。

この十六条戒の主旨を正しく理解して、少しでもそれに近づこうと心に決め、その決意を仏さまに誓ったとき、頂戴できるのが「戒名」です。このことを、仏さまの方からいえば「授戒」、本人の方からいえば「受戒」と称します。

ですから、受戒して戒名を戴くということは、真実の幸福《しあわせ》を得て、精一杯、人生を充実して生きぬくために、仏さまの戒めを守っていこうとする決意の表れですから、是非、生きているうちに戴かねばならないことなのです。それも、できるだけ若いうちに、「自分自身の人生はいかにあるべきか」と考えたときに、迷わずに戴くべきことなのです。

近ごろ「生前戒名《せいぜんかいみょう》」などという言葉があちこちで囁《ささや》かれ、何となく特殊なことのように考えられているようですが、それは全く逆の話で、「生前戒名」こそ本来の正しい戒名の在り方なのです。

何度も繰り返しますが、「戒」とは決して堅苦しい束縛《そくばく》ではなく、生き生きと生きるための道しるべであることを思い、充実した人生を過ごすために、是非、受戒なさいますよう、お勧めします。

この十六条戒は、お釈迦さまが摩訶迦葉尊者《まかかしょうそんじゃ》（お釈迦さまの第一の弟子）に伝え、摩訶迦葉尊者はこれを阿難陀尊者《あなんだそんじゃ》に伝え……というふうに、二十七代を経て、菩提達磨大師（禅宗の開祖）に伝えられ、更に、二十二代を経て道元禅師さま（曹洞宗の開祖）に伝えられ、また更に、三十八代を経て月渓良道大和尚《げっけいりょうどう》（雲龍寺先代住職、わたしの師父）に伝えられてきました。わたしは、昭和二十年七月三十一日に、師父から伝えられました。そして、今日まで、わたしは七十人近くの方々に伝えさせていただきました。

以上のように、この十六条戒は、インドから中国、そして日本へという広がりの中で、二千数百年という時間の流れを経て今日まで、連綿《れんめん》と伝えられてきた、まさに「仏祖正伝《ぶっそしょうでん》（仏と祖師たちに依って、正しく伝えられた）」の戒めなのです。

修証義は、これを、

三帰、三聚浄戒、十重禁戒、是れ諸仏の受持《じゅじ》したまう所なり。

と、明示し、

受戒するが如きは、三世の諸仏の所証《しょしょう》なる阿耨多羅三藐三菩提金剛不壊《あのくたらさんみゃくさんぼだいこんごうふえ》の仏果を証するなり。誰の智人か欣求《ごんぐ》せざらん

（現代語訳↓戒を受けるということは、三世の諸仏が実践し、証明されたところの阿耨多羅三藐三菩提《無上にして最高の悟り》いわば、金剛のように絶対に壊れない真実の幸福《しあわせ》を自ら実証することである。智慧に目覚めた人ならば、受戒を欣《ねが》い求めない人はないであろう）

と、受戒の素晴らしさを述べています。

驚嘆すべきこと……

修証義は続けて、

世尊明らかに一切衆生の為に示しまします、「衆生仏戒《ぶっかい》を受くれば、即ち諸仏の位《くらい》に入る、位

大覚《だいがく》に同うし已る、真《まこと》に是れ諸仏の子《みこ》なり」と。

〈現代語訳〉お釈迦さまは全ての人々のために、次のように、はっきりと宣言されておられる、『人々が仏戒を受けたならば、その場で仏の位に入ることができるのだ。そして、その位は仏と同じ大覚《大いなる覚者、真実の悟りを得た者》の位であるから、仏戒を受けた者は全て真に仏の子なのだ』と）

と、驚嘆すべきことを述べます。

「衆生仏戒を受くれば……云々」という文章は、『梵網経《ぼんもうきょう》』というお経に述べられてある偈文です。**〈原文〉**衆生受仏戒、即入諸仏位、位同大覚已、真是諸仏子）そして、その大意は、「すべての人は、仏戒を受けたならば、その場で、即座に仏になることができる」ということなのです。これほど驚くべきことはありません。修行も精進も努力もする必要はなく、仏戒を受けるだけで、仏になれるというのですから、どのように受け止めていいのか、目を白黒してしまいます。

このことの真意を尋ねる前に、次に述べられる修証義の一節を読んでいただきます。この一節は、修証義の中でも最も難解な箇所です。現代語訳を読んでも、すぐには理解できませんが、繰り返し読んで考えてみることをお勧めいたします。

諸仏の常に此中に住持《じゅうじ》たる、各各《かくかく》の方面に知覚《ちかく》を遺《のこ》さず、群生《ぐんじょう》の長《とこしな》えに此中に使用する、各

各の知覚に方面露《あらわ》れず、是時《このとき》十方法界《ほっかい》の土地《とち》草木《そうもく》牆壁《しょうへき》瓦礫《がりゃく》皆《みな》仏事《ぶつじ》を作《な》すを以て、其《その》起す所の風水の利益《りやく》に預《あずか》る輩《ともがら》、皆甚妙不可思議の仏化《ぶっけ》に冥資《みょうし》せられて親《ちか》き悟りを顕《あら》わす、是を無為《むい》の功《く》徳《どく》とす、是を無作《むさ》の功徳とす、是れ発菩提心《ほつぼだいしん》なり

（**現代語訳**↓諸仏は常にこの本来の大覚の中に住って仏の慧命を持っているのであるが、そこでは、四方八面の万物を知覚《感覚と意識作用》にとらえながら、万物と一体であるから知覚のあとかたを残さない。衆生も永遠にこの本来の大覚の中でそれを使用しているのであるが、一々の知覚に四方八面の万物をとらえながら万物と一体で、自己の外なる物はあらわれない。このとき、無限の空間にある土地も草木も、牆《かきね》や壁や、瓦片や小石に至るまで、残らず、仏としての教化・説法を行うから、それらがおこすところの風や水の利益を受けるものどもがみな甚深微妙《甚だ深く、言うに言われぬ》の、人間の思いはかりの全く及ばない仏の化導に、目に見えないところで資《たす》けられて、自分自身にそなわる本来のさとりを現実のものとする。この功徳は、人間の作為が全くないものであるから、無為の功徳ともいい、無作の功徳ともいうのである。これが発菩提心《仏と同じく一切衆生をことごとく済度しようという無上の道心をおこすこと》である。—水野弥穂子先生訳—）

道元禅師さまのご足跡の中から……

水野弥穂子先生の現代語訳をお読みになっても、よくお解りいただけなかったことと思います。これは決して、水野先生の訳し方が拙《つたな》いのではなく、本文自体が極めて深遠な内容を凝縮して述べられているからです。従って、わたしなどの手に負えるようなものではなく、窮余《きゅうよ》の一策として、道元禅師さまのご足跡の中から、手掛かりとなる逸話を紹介して、何とかご理解していただきたいと思うのです。

道元禅師さまは、正治二年（西暦一二〇〇年）にお生まれになりました。（平成十二年は、ご生誕八百年に当たります）

禅師さま三歳のとき、父君の内大臣久我通親《くがみちちか》公がお亡くなりになり、また、八歳のときには母君もお亡くなりになってしまいました。幼い頃から優れた才能をおもちであり、叔父の関白藤原師家《ふじわらのもろいえ》公からも、後継者として望まれていた禅師さまでしたが、母君の「出家して多くの人々を救ってほしい」というご遺言に従い、十三歳のときに比叡山《ひえいざん》へお入りになりました。

以後、比叡山で厳しい修行と学問をお続けになりました。そのご修行の中で、禅師さまは大きな疑問に出会われることになります。それは、経典の中に書かれてある、次のような一句についての疑問でした。

本来本法性《ほんらいほんぽっしょう》　天然自性身《てんねんじしょうしん》

分かりやすく言えば、「人間はもともと仏なのだ、生まれながらに仏性がそなわっているのだ」

という意味の一句です。前に述べた「すべての人々は、仏戒を受けたその場で即座に仏になることができる」という偈文の内容を、更に一段と深めたような一句です。

禅師さまは、この一句をお読みになって「生まれながらに仏であるものが、何ゆえに迷い、苦しみ、そして、修行しなければならないのか」と疑問をもたれたのです。

この疑問を解こうとして、禅師さまは比叡山の高僧たちを訪ね歩かれるのですが、誰一人として納得できる答を出してくれませんでした。そうこうしているうちに、京都の建仁寺《けんにんじ》というお寺に、栄西《ようさい》禅師という立派なお坊さんがいて、新しく中国から伝えられた「禅」という仏教を教えておられる、ということが耳に入りました。

禅師さまは、早速、建仁寺を訪ね、疑問をお尋ねになりました。すると、栄西禅師は、**「三世諸仏《さんぜしょぶつ》は有ることを知らず、狸奴《りぬ》白牯《びゃっこ》は却《かえ》って有ることを知る**（意訳→仏は、自分が仏であろうがなかろうが、そんなことには全く頓着《とんじゃく》していない。しかし、猫や牛のように迷い続けている凡夫《ぼんぷ》に限って、仏であるとか、仏でないとか、と、こだわるものだ）」とお応《こた》えになりました。

道元禅師さまは、そのお言葉によって「禅」の素晴らしさを感得され、以後、ひたすらに禅の道を歩み続けられます。そして、中国（宋）にお渡りになり、天童山《てんどうざん》の如浄《にょじょう》禅師さまに就いてご修行の末、立派にお悟りをお開きになられます。そして、無事、帰国され、宇治の興聖寺《こうしょうじ》や福井の永平寺をお開きになり、曹洞宗の禅を日本中に広められました。

そのご帰国の直後に、ある人が「中国でのご修行で得られたものは?」とお尋ねしますと、禅師さまは、

「眼横鼻直《げんのうびちょく》」（目は横に、鼻は縦に）」

と、お応えになったそうです。

目は左右に横に、鼻は額から口の線に真っすぐに、というのは、「当たり前」ということであり「あるがまま」ということです。仏教語で厳しく言えば「諸法実相《しょほうじっそう》」です。その中にこそ真実の仏法があり、大宇宙の道理が厳然として存在するのだ、と教えられたのです。

これを修証義に当てはめてみると、

「諸仏の常に此中《このなか》に住持《じゅうじ》たる、各各《かくかく》の方面に知覚《ちかく》を遺《のこ》さず」とは、諸々《もろもろ》の仏、即ち、大宇宙の道理は、ありとあらゆるものの中に確固として存在していることを示し、

「群生《ぐんじょう》の長《とこしな》えに此中に使用する、各各の知覚に方面露《あらわ》れず」とは、生きとし生けるものみな全ては、その大宇宙の道理、即ち、仏法の中に包みこまれて息づいていることを示している、と解釈されます。

そして、その真実の姿（実相）は、仏戒を受けることによって、自ずから見えてきて、ありとあらゆるもの、例えば、土地・草木・牆壁《しょうへき》・瓦や小石の中にも、大宇宙の道理、即ち、諸々《もろもろ》の仏がいますことを知ることができ、真実の幸福《しあわせ》へ一歩近づくことができる、と「受戒」を讃え

るのです。

道元禅師さまは、この心を和歌に託されて、

峰《みね》の色渓《たに》の響《ひび》きもみなながらわが釈迦牟尼《しゃかむに》の声と姿と

と詠じていらっしゃいます。このお歌は「法華経《ほけきょう》を詠《えい》ず」と題されているように、法華経の「諸《しょ》法実相《ほうじっそう》」の姿に合掌されたものと拝察し、改めて、「受戒」の甚妙不可思議《じんみょうふかしぎ》な有り難さに手を合わせるのです。

第四章

発願利生

菩薩行

（第四章発願利生・その一）

世界がぜんたい幸福に……

「雨ニモマケズ　風ニモマケズ……」の詩で知られる宮澤賢治《みやざわけんじ》先生は、『農民芸術概論綱要《のうみんげいじゅつがいろんこうよう》・序論』の中に、

「世界がぜんたい幸福にならないうちは個人の幸福はあり得ない」

と、書いていらっしゃいます。

素晴らしい言葉だと思います。世界中から、貧困や民族紛争が無くならない限り、ほんとうの幸福はありえないと思います。

世界のどこかで、貧困のために飢え死にする人が一人でもいる以上、どんなに豪華《ごうか》な食事であっても、それは決して御馳走《ごちそう》ではなく、虚栄《きょえい》の幻《まぼろし》に過ぎないと思います。試みに、そんな食卓についたとき、テレビの画面に映し出された悲惨な光景を思い出してみると、よくお分かりのことと思います。栄養失調で痩《や》せ衰えた子供が、顔にたかる蝿《はえ》を追う気力もなくして、やが

て死んでいく姿を思い出せば、心の底から「美味《おい》しい」とは決して言えないはずです。

血で血を洗うような民族紛争の陰で、子供や老人が犠牲になって惨《むご》い死に方をし、その死を悲しむ家族たちが天を仰いで泣き悶《もだ》えているときに、刹那《せつな》の快楽に身を任《まか》せて、それを幸福と勘違いして、浮かれはしゃいでいる大多数の日本人などには、もはや幸福を論ずる資格などないとさえ思われてきます。

今一度、日本人は一人残らず、宮澤賢治先生の名言、「世界がぜんたい幸福にならないうちは個人の幸福はあり得ない」に正面から向き合って、深く考えてみるべきだと提言します。

宮澤賢治先生は、法華経を心から信じていらっしゃった方でした。昭和八年、三十八歳でお亡くなりになる少し前、次のような詩を書き遺していらっしゃいます。

快楽もほしからず
名もほしからず
いまはただ
下賤の廃軀を
法華経に捧げ奉りて
一塵とも點じ
許されては

父母の下僕《げぼく》となりて
その億千の恩にも酬《むく》へ得ん
病苦必死のねがひ
この外になし
（手帳より・廿八日）

そして、年表には、

「昭和八年九月二十一日、容態急変し父に『国訳《こくやく》妙法蓮華《みょうほうれんげ》経《きょう》全品《ぜんぼん》約一千部を出版して知己《ちき》の方にお贈り下さい』と遺言し、永眠す」

と記されてあります。

いろいろ思い合わせると、宮澤賢治先生の「世界がぜんたい幸福にならないうちは個人の幸福はあり得ない」の信念は、まさしく、法華経の誓願そのものであることが納得されるのです。

そして、道元禅師さまもまた、法華経を心から大切にされたお方でした。道元禅師さまのお書きになられた『正法眼蔵・帰依三宝《きえさんぼう》の巻』には、

「法華経は、諸佛如来のこの世に出でませる最高の目的、すなわち衆生済度のための経典である。釈尊の説かれた諸経のなかにあっても、法華経はその大王ともいうべきもので、余の経、余のおしえは、みな法華経の臣民であり、眷属《けんぞく》である。（増谷文雄先生の訳による）」

とまで、言い切っていらっしゃいます。

また、紀野一義先生は、ご著書（講談社現代新書『法華経を読む』）の中で「道元の書いた『正法眼蔵』の世界に深く入ってゆくにつれて、どの章のうしろにも法華経が厳然たる実在感で存在しているのに驚いた。道元は法華経によって触発《しょくはつ》された世界を、あの膨大《ぼうだい》な正法眼蔵にまとめたとしか思えない」と述べていらっしゃいます。

その『正法眼蔵』の中から、一般の方々にも理解し易い文章を選び出して編集された『修証義』です。従って、修証義のうしろにもまた法華経が確かに存在していることは間違いのないことです。そのことを考えると、宮澤賢治先生と修証義は、決して別世界のものであるとは思われないのです。

例えば、宮澤賢治先生の「世界がぜんたい幸福にならないうちは個人の幸福はあり得ない」という信念を、修証義の中に尋ねてみますと、**第四章発願利生《ほつがんりしょう》**の書き出しの部分に、それを見ることができます。表現の方法はかなり異なっているようにも見えますが、その心は全く同じものだと思います。

菩提心《ぼだいしん》を発《おこ》すというは、己《おの》れ未《いま》だ度《わた》らざる前《さき》に一切衆生を度《わた》さんと発願《ほつがん》し営《いとな》むなり（菩提心を起こすということは、自分が幸福《しあわせ》を得る前に、すべての人々が幸福《しあわせ》になれるように願いをたて、また、その実現のために汗を流し、力を尽くすことである）

という一節です。これを要約して、

自未得度先度佗《じみとくどせんどた》（自、未だ度われざる先に、佗を度う）と、白文風に記した箇所もあります。

因《ちなみ》に、「菩提心《ぼだいしん》」とは、広辞苑には「①悟りを求め仏道を行おうとする心。無上道心。②密教で、悟りの根源的な心」と記してあります。

仏道極妙の法則……

修証義第四章『発願利生《ほつがんりしょう》』は、前掲の「菩提心を発《おこ》すというは……」という言葉で始まりますが、この第四章『発願利生』こそ、大乗仏教の願いと実践を極めて明確に示してある大切な章なのです。

第一章から第三章までは、どちらかといえば自分自身への反省と、深い洞察《どうさつ》が示されてあり、いかに生きていったらほんとうに生きたことになるのか、という点を主眼にしてありました。

しかし、人間は自分一人では生きられないものであり、また、悟れないものだと思います。想像できないほど沢山の人々からの、というより、大宇宙全体からの恵みをいただかなければ、生きてもゆけませんし、悟ることも絶対に不可能だと思います。

この第四章『発願利生』には、自分を生かしめ、自分を道へと導いてくれる全ての恵みに対して、どのように向き合い、どのように心を尽くし、どのようにはたらきかけていったらいいか、ということが示されてあります。

これを要約して言えば「他に対する心のありよう」ですが、その根本的な指針として、前節に述べた「自未得度先度佗《じみとくどせんどた》（自が救われる先に、他を救う）」が先ず掲げられてあるのです。

そして、その指針に沿って生きることを、

設い在家《ざいけ》にもあれ、設《たと》い出家にもあれ、或《あるい》は天上にもあれ、或は人間にもあれ、苦にありというとも楽にありというとも、早く自未得度先度佗《じみとくどせんどた》の心を発《おこ》すべし。

（**現代語訳**→たとえ在家であっても、たとえ出家であっても、或いは天上界にいても、或いは人間界にいても、また、苦しみのどん底にいても、また、楽しみの絶頂にいても、一時も早く「自未得度先度佗の心」を発しなさい）

と、極力、促《うなが》してくれるのです。

続けて、修証義は、「自未得度先度佗の心」を発すことが、どれほど尊いことであるかを力説します。

其形陋《そのかたちいや》しというとも、此心を発《おこ》せば、已《すで》に一切衆生の導師《どうし》なり、設《たと》い七歳の女流《にょりゅう》なりとも即ち四衆の導師なり、衆生の慈父《じふ》なり、男女《なんにょ》を論ずること勿《なか》れ、此れ仏道極妙《ぶつどうごくみょう》の法則なり。

（**現代語訳**→たとえ外見が人から卑しめられるような姿をしていても、この「自未得度先度佗の心」を発せば、その人は已に全ての人々の導師《指導者》である。たとえその人が七歳の女性であっても四衆《ししゅ》《僧・尼僧・男の信者・女の信者》の導師《どうし》《指導者》である。そして、全ての人々の慈悲深い父である。ここでは男女の区別など全く通用しない。これこそ、極めて素晴らしい仏道の法則なのである）

とかく、私たち人間は、外見や年齢・性別などによって、他人を測《はか》りがちです。男で、年輩者で、見た目に堂々としている人の言葉を信用し、その反対の姿の人を軽視したりします。

修証義は、というより仏教は、そのような誤った見方・考え方を真っ向から否定します。外見・年齢・性別などは問題ではなく、「自未得度先度佗の心」の有無が、その人の価値を定めると断言するのです。まさに、仏道極妙の法則です。

菩薩行……

修証義は、更に続けて語りかけてくれます。

若《も》し菩提心《ぼだいしん》を発《おこ》して後、六趣四生《ろくしゅししょう》に輪転《りんでん》すと雖《いえど》も、其の輪転の因縁《いんねん》皆菩提《ぼだい》の行願《ぎょうがん》となるなり。然《しか》あれば従来の光陰は設《たと》い空《むなし》く過すというとも、今生《こんじょう》の未だ過ぎざる際《あい》だに急ぎて発願すべし。

（現代語訳→もし菩提心を発した後に、六趣四生と称されるさまざまな世界に、生まれ変わり、死に変わり、しようとも、そのさまざまな世界の体験は、全て悟りへの道しるべとなるのだ。だから、今までの時間を無駄に過ごしてきたとしても、今、生きているうちに急いで菩提心を

発し、「自未得度先度佗の心」を発しなさい)

そして、修証義は、この章の主題とも称すべき「菩薩行《ぼさつぎょう》」へと進んで参ります。大乗仏教の真髄である「菩薩《ぼさつ》の心」です。ゆっくり熟読されることを望みます。

設《たと》い仏に成るべき功徳熟して円満《えんまん》すべしというとも、尚お廻《めぐ》らして衆生の成仏得道《じょうぶつとくどう》に回向《えこう》するなり。或は無量劫《むりょうごう》行いて衆生を先に度《わた》して自からは終《つい》に仏に成らず、但し衆生を度《わた》し衆生を利益《りやく》するもあり。

(**現代語訳→**たとえ修行を積み、善行を重ねて、その功徳によって仏になる資格が備わったとしても、その功徳を自分よりも他の人々のために回してあげる。或いは、修行や善行を永遠に続けながら、自分は仏にならないで他の人々の成仏のために力を尽くし続ける。そして、ただただ人々を真実の幸福《しあわせ》に導こうと努力する)

大乗仏教の「菩薩行」とは、このような行いであり、その行いを実践する人のことを「菩薩」と称します。

地蔵菩薩《じぞうぼさつ》は「全ての人々の苦しみを私が代わって受けてやりたい。苦しんでいる人が一人でもいたら、私は仏にはならない」と誓願をたて、今も街角に立って私たちを見守って下さっています。法蔵菩薩《ほうぞうぼさつ》は「念仏を唱えても極楽往生《ごくらくおうじょう》できない人が一人でもいたら、私は仏にならない」と誓願をたてていらっしゃいます。そのほか、沢山《たくさん》の菩薩さまがいらっしゃいますが、全て「自未得度先度佗」の生き生きとしたはたらきを示していらっしゃるのです。そして、私たちもまた、心の底に「菩薩の心」を授かって生まれてきているのです。そのことに、一日も早く気づいて、自未得度先度佗の心を発してほしいと願うのです。

布施（一）（第四章発願利生・その二）

元旦の十万円……

昭和五十三年一月一日、早朝のことでした。きちんとした態度・服装の年輩の男性が林鐘園《りんしょうえん》の玄関においでになり、「子供たちのために役立てて下さい」とおっしゃって、応対に出た当直の保母に一通の封筒を渡して下さいました。保母は「お名前をお聞かせ下さい」と二度三度、丁寧にお願いしたのですが、その方は「名前をお聞かせするほどの者ではありません」とおっしゃって、急ぐようにお帰りになりました。

午前八時、子供たちと新年の挨拶を交わすために出勤したわたしは、保母からその報告を聞き、封筒を開封しました。中に入っていたのは、十枚の真新しい一万円札でした。

その十万円を手にとったとき、わたしは衝撃的な感動を覚え、同時にある決断を下すことができました。

当時、わたしは園舎改築事業のスタートを切るべきか否かについて、思いあぐねていました。昭和五十一年、師父死去の跡を継いで林鐘園園長に就任したわたしは、為すべき最初の仕事として、老朽化した園舎の建て替えを周囲からも勧められ、また、わたし自身も考えていました。

二階廊下や階段を歩くとギシギシ音がし、その板の透き間からは下が見えるような箇所があちこちにあり、各部屋の窓や扉の建て付けも全て悪くなっていました。その上、措置《そち》されてきた子供の中に「火遊び」の大好きな子供がいて、職員の目を盗んではマッチを擦って遊ぶという実に危険な状態でもありました。万が一のときには、老朽化した木造園舎など、ひとたまりもありません。いわば、改築は急務の仕事だったわけです。

しかし、いかに老朽化したとはいえ、それは亡き師父が心血を注いで建てたものであり、それを代替《だいが》わりしたとたんに改築してしまうことは情に忍びないものがありました。

加えて、設計事務所に概算してもらったら、どんなに安く見積もっても約一億円は必要だといいます。国や県から五割の補助があるとはいえ、残りの五千万円は自己負担ということになります。しかし、わたしにはそんな大金を調達する力など全くありません。というわけで、改築への決断を下しかね、悶々《もんもん》としていたのでした。

そんな迷いのど真ん中へ十万円が飛び込んできたのです。「うーむ」と唸《うな》りながら真新しいお札を見つめているうちにわたしの目がさめたのです。

元旦の早朝、わざわざ林鐘園の玄関までおいでになり、「子供たちのために」とおっしゃって大金を届けて下さった方がいらっしゃる……そして、お名前も明かさずに立ち去って行かれた……そんな素晴らしいお方がいらっしゃるというのに、当の園長は五千万円の調達ができないといって悶々としている……何という情けないことか……わたしは僧侶ではないか、托鉢《たくはつ》に出て募金すればいいではないか……わたし自身も教員を辞めたときいただいた退職金を出せばいいではないか……何とかなる、いや、何とかしてみせる……やろう！　立派な、安全で快適な子供たちの住家を作ってみせよう！

と、改築への決意を固めたのでした。そして、正月休みが終わるとともに、設計事務所に改築事業の開始を告げ、改築申請や資金調達などの行動を起こしたのでした。

布施というは……

「自分の幸福《しあわせ》よりも、他の幸福を優先させていこう」という大乗仏教の根本精神（前章「菩薩行」参照）の実践として、修証義は四つの行い（四摂《ししょうほう》法といいます）を勧めます。

衆生を利益《りやく》すというは四枚《しまい》の般若《はんにゃ》あり。一者《ひとつには》布施《ふせ》、二者《ふたつには》愛語《あいご》、三者《みつには》利行《りぎょう》、四者《よつには》同事《どうじ》、是れ則《すなわ》

ち薩埵《さった》の行願《ぎょうがん》なり。

（**大意**→人々を幸福にするためには、四つの般若《仏の智慧》がある。一つには布施、二つには愛語、三つには利行、四つには同事である。これこそが菩薩行に生きたいと願う人の行いであり祈りである）

という書き出しから始まって、四つの行いの一つ一つについて説明が続きます。布施《ふせ》（ほどこし）については、次のように説明が始まります。

布施というは貪《むさぼ》らざるなり。我物《わがもの》に非ざれども布施を障《さ》えざる道理あり。其物《そのもの》の軽きを嫌わず、其功《そのこう》の実《じつ》なるべきなり。

（**現代語訳**→布施というのは貪《むさぼ》らないことである。自分の物でなくても、物を本当に生かして使うとき、布施にならないことはないという道理がある。その物が軽少であることは問題ではない。本当に布施の功徳が発揮できるということが大切なのである《水野弥穂子先生訳による》）

ところで、この箇所の典拠『正法眼蔵・菩提薩埵四摂法《ぼだいさったししょうほう》の巻』を読んでみますと、次のような語句（傍線部分）が省かれているのです。

布施というは貪らざるなり。貪《むさぼ》らずというは世の中に諂《へつ》らわざるなり。

修証義の編纂に当たって、何ゆえにこのような大事な箇所が省かれたのかは分かりませんが、とても残念に思います。何故ならば、布施の心をこれほど端的に言い切った語句はないと考えるからです。

「諂《へつら》う」という言葉を広辞苑で尋ねてみますと、「人の気にいるようにふるまう。こびる。おもねる。追従《ついしょう》する」となっています。そのような醜い心を一切排除したほどこしがほんものの布施であるべきです。布施のありようについて、こんなに端的・明瞭に指示された箇所を、何故省いてしまったのかと、どれだけ考えても分かりません。不思議なことです。

昭和五十三年の元旦早朝に、林鐘園へ十万円を届けて下さった方を思い出します。住所は無論のこと、お名前もお告げにならず、足早にお帰りになったという、その後ろ姿に「世の中に諂らわざるなり」という道元禅師さまのお諭しを、鮮やかに拝むことができます。

しかし、すべてがそのような素晴らしい方ばかりではありません。林鐘園長として在任中、たくさんの方々から暖かいご援助を頂戴しましたが、中には新聞記者とカメラマンを同伴して来園された団体もあって、情けない思いをしたこともあります。いわば、恵まれない子供たちをダシにして自分たちの慈善行為を世間に宣伝するための施設訪問だったのです。

とはいえ、私たちの心の中には大なり小なり「世の中に諂う心」が巣くっていることは事実です。新聞記者やカメラマンを呼ばないまでも、自分の善行を世の中の人々に知ってほしい、認めてほしいとひそかに願う人も多いと思います。その心を断ち切って行う「ほどこし」が真実の布施だと道元禅師さまは教えて下さるのです。厳しい教えですが心して守りたいものです。

一句一偈、一銭一草……

修証義は、前項の「其物の軽きを嫌わず、其功《こう》の実なるべきなり」を、次のようにくり広げます。

然《しか》あれば則《すなわ》ち一句一偈《いっくいちげ》の法をも布施すべし、此生佗生《ししょうたしょう》の善種《ぜんしゅ》となる。一銭一草の財《たから》をも布施すべし、此世佗世《しせたせ》の善根《ぜんこん》を兆《きざ》す。法も財《たから》なるべし、財《たから》も法なるべし。

（現代語訳→であるから、ごく短い言葉であっても、また、詩の一行であっても、仏の教えを人にほどこしなさい。その行いは、この世あるいは次の世の幸福《しあわせ》の種子になる。また、ごく少ないお金であっても、わずかな品物であっても、人のためにほどこしなさい。その行いは、この世・次の世の幸福《しあわせ》の種子となる。仏の教えをほどこすことも財物をほどこすことも、他を喜ばせ、自らも真実の幸福《しあわせ》を得るきっかけとなることであるから、その意味では全く同じことなのだ）

昭和五十四年、わたしは林鐘園改築工事の資金繰りのため、土地名義書き換えという違法行為を行いましたが、四年後に、それをネタにして、建てたばかりの園舎を撤去《てっきょ》せよと訴えられました。その時の苦しみは、今、思い出すだけでもゾッとします。自殺寸前まで追い込まれた苦しみでした。

その苦しみから逃れるために、わたしは般若心経にすがりつきました。すると、般若心経は「布施《ふせ》・持戒《じかい》・忍辱《にんにく》・精進《しょうじん》・禅定《ぜんじょう》・般若《はんにゃ》の六つの行を徹底して行え。その行によって、すべては空であることが解るであろう。すべてが空であることが納得できたら、あらゆる苦しみから救われるであろう」と、教えてくれました。そして、その六つの行の基本は「布施」であることも知りました。

わたしは僧のはしくれです。僧としての布施は、仏さまの教えを一人でも多くの人に伝えることです。わたしは修証義に示されている通りに「一句一偈の法」を布施しようと思い、金沢南無《なむ》の会を結成し、辻説法《つじせっぽう》を始めました。

すると、どうでしょう。どんなルートで、どんな方々が宣伝して下さったのか分かりませんが、全国至る所から、「金沢南無の会の荒崎を救え」と、義援金が続々と送られてくるようになったのです。毎日、その有り難さに泣きました。こんなにまで助けていただいて、いいのだろうかと、そら恐ろしくさえ感じました。

わたしは、布施行を積んで「空」を悟り、その悟りによって苦しみを乗り越えたいと念じていたのですが、「空」を悟る前に、義援金という「お布施」をいっぱい頂戴し、苦しみの半分以上はフッ飛んでしまいました。実際、目を白黒して、その不思議さと有り難さに、戸惑《とまど》いすら覚えたことでした。（その頃、裁判は進展して、建物が撤去できないならば金を払えという相手方の本

性が前面に出てきて、その金額が争点になっていました）

いただいた義援金（お布施）は、相手方の要求金額を遥かに越え、新しく始めた自立援助事業《じりつえんじょじぎょう》（非行や高校中退などで挫折しかけた子供たちの自立援助事業）にも役立たせてもらいました。お蔭で、どれだけの子供たちとその家庭が救われたか分かりません。「一句一偈の法」を布施させていただいたことにより、「万銭万草の財《たから》」を布施していただいた有り難さに、仏さまのお力の筆《ひっ》舌《ぜっ》に尽くせない不思議さを感じます。

世の中に諂わざるなり……

修証義は「布施」のしめくくりとして、

報謝《ほうしゃ》を貪《むさぼ》らず自らが力を頒《わか》つなり。舟を置き橋を渡すも布施の檀度《だんど》なり。治生産業《ちしょうさんぎょう》固《もと》より布施に非ざること無し。

（**現代語訳**→見返りや報いなどを求めず、自分にできる限りの力を、他に分け与えるのが布施である。川に舟を浮かべ橋を渡して人の便宜を計ることも、生業に精進して世の中に貢献することも、すべて布施なのである）

と、説きます。

この一節の中で肝要な言葉は、いうまでもなく、「報謝を貪《むさぼ》らず」です。そして、この言葉の真意は「世の中に諂わず」に違いありません。「諂《へつら》い」がなかったならば、人間は底抜けの素直さを得ることができます。そして、その素直さから発せられた行いこそ、真の布施だと思うのです。

布施（二）（第四章発願利生・その三）

七種施……

修証義に説かれている「布施」は、前節の通りですが、もう少し説明を加えておきたいと思います。僧俗にかかわらず、「布施」は真実の幸福《しあわせ》を求める仏教の『実践項目』の一つだからです。正しい「布施」を、正しく行っていただいて、少しでも真実の幸福に近づいていただきたいと願います。

「布施」或いは「お布施」というと、一般にお寺へ持って行く「金一封」や、僧侶にあげる「金包み」を考えてしまいがちです。確かにそれらも布施に違いありませんが、それだけが布施の全てではありません。というより、布施は、もっと大きな広がりの「行い」を意味するのです。

例えば、前号に述べた修証義の中の「一句一偈の法」を人々に伝えることも布施ですし、川に渡し舟を置き橋を架《か》けるのも勝《すぐ》れた布施なのです。また、治生産業《ちしょうさんぎょう》（生業にせいを出し、自分の仕事を通して世のために尽くすこと）も、全て立派な布施の行いなのです。

また、『雑宝蔵経《ぞうほうぞうきょう》』というお経には、**七種施《しちしゅせ》**と称して次のように述べてあります。

七種施あり。財物《ざいもつ》を損せずして、大果報《だいかほう》を得ん。

（現代語訳→七つの施しがある。お金や物を用いることなく施すことのできる行いであり、その行いをすることによって受ける果報《幸福《しあわせ》》はとても大きいものである）

と述べてあります。

そして、その七つとは、

①**眼施《がんせ》**（いかなる時でも、いかなる人にでも、暖かい眼差しで接すること。冷たい目や怖い目で見ないこと）

②**和顔悦色施《わげんえつじきせ》**（内心にどのような苦しみや痛みがあろうとも、それを表に現さず、つとめて穏やかで楽しい表情で人に接すること）

③**言辞施《ごんじせ》**（優しく思いやりに満ちた言葉をかけること）

④**身施《しんせ》**（人の訪問を受けたとき、立って行って出迎えたり、合掌低頭して挨拶すること）

⑤**心施《しんせ》**（徹底した思いやりや心遣いをはたらかせること）

⑥床座施《しょうざせ》（座席を譲ること）
⑦房舎施《ぼうしゃせ》（家に招き入れてもてなし、宿泊させてあげること）
と、説明されてあります。

これら七つの施しは、『雑宝蔵経』に述べられている通り、お金や物を用いることなく人様を楽しませ喜ばせてあげる素晴らしい行いです。特に、現代のように人間関係がギスギスして自分本位の人が満ち溢れている社会には必要欠くべからざる布施（心遣い）だと思います。

ケーキをなぜ分ける……

大切なのは、この布施を行うときの心のありようです。一句一偈の法を布施（法施《ほうせ》といいます）するときも、お金や物を布施（財施《ざいせ》といいます）するときも、また、前述の七種施を布施（無財《むざい》の七施《しちせ》といいます）するときも、それらがほんとうの布施になっているか否かを省みることは、とても重要なことです。

仏教では布施のありようを、三輪空寂《さんりんくうじゃく》と説きます。三輪とは、布施する人の心・布施を受ける人の心・布施するお金や物、の三つです。その三つが、全て清らかであり、こだわりや執着のないものでなければならない、ということです。つまり、布施する人が見返りを期待する心や恩着せがましい心を抱いてはいけない、また、布施を受ける人は負い目や引け目を感じたりするようではいけない、そして、布施するお金や物は清らかなものでなくてはならない、ということです。

なるほど、と思います。しかし、何となく堅苦しい言いようのせいか、では布施に心がけよう！という元気が出てきません。

ここに、素晴らしいお話があります。布施の心をとても分かり易く教えて下さる**ひろさちや先生**のお話です。

グリーンアロー出版社発行の『般若心経に学ぶ（ひろさちや著）』という本から引用させていただきます。


わが家には娘と息子の姉弟がいるのですが、この二人がまだ小学生であった頃の話です。ある日のこと、姉のほうがご近所から、ケーキを一ついただいて帰ってきました。そして、母親から「英彦（弟）と二人で分けて食べなさい」と言われ、仲よくテーブルに向き合って食べていたのです。それを見てわたしは、ふと、この機会に子どもたちに仏教のことを話してやろうと思い、質問をしてみたわけです。

「いまお母さんが、ケーキを二人で分けて食べるようにと言ったけれども、それはなぜだかわかるかい」

姉は、目の前のケーキをしばらくながめてから、こう答えました。

「それは英彦がかわいそうだから……」

わたしは、この答えにはコメントせずに、弟のほうに「英彦はどう思う」とたずねました。すると彼は、お姉ちゃんと違う答えをしなくてはいけないと思ったのか、一所懸命考えてから、こう言いました。

「わかった、お父さん。今度ぼくがケーキをもらってきたら、お返しにお姉ちゃんに分けてあげるから、だからお姉ちゃんがいまぼくに分けてくれるんだ」

残念ながら二人とも違っている。一つのケーキを分けて食べるというのは、そういうことではないんだよ、とわたしはそのとき、こんな風に子どもたちに教えました。

「相手がかわいそうだから、分けてあげるのじゃない。また、この次にお返しをしてもらおうと思って分けるのも間違いだ。かわいそうだからという気持ちがあると、それでは憎たらしい人にはあげないということになってしまう。お返しをもらえそうもないときには、分けてやるものかという気持ちになるだろう。ケーキを二人で分けるのは、分けて食べたほうがおいしいからなのだよ。一人で食べるよりは、二人で分けて食べたほうがおいしい……。お父さんとお母さんは、あなたがたがそう思えるような子どもになってほしいと願っているんだよ」

子どもたちがそのとき、わたしの言ったことをほんとうに理解してくれたかどうかわかりません。しかし、分けるもの、人に与えるものが何であれ、「布施」とはまさにこのような気持ちで行われるものである、とわたしは考えています。かわいそうだから、とか、何か見返りがあるだろうといった、恩着せがましさや期待からなされるものは、ほんとうの「布施」ではないのです。

このお話の中で、最も重要なポイントは、「一人で食べるよりも、二人で食べたほうがおいしい」という心のありようです。つまり、分ける方も、分けてもらう方も、何のわだかまりもなく、それが心から嬉しいこととして、お互いにほほ笑みあって行われることこそ、ほんとうの「布施」だということにです。このありようが仏教用語の「三輪空寂《さんりんくうじゃく》」なのです。

雲龍寺へ、または、住職のわたしへ下さる「お布施」は、ほとんどの方が紅白の水引を掛けて持って来て下さいます。これは、十数年前にお檀家の皆さまに布施の心を説明して「仏さまとご縁を結ばせていただいた喜びを分け合うのが布施だから、是非、紅白に……」とお願いした結果です。とても嬉しいこととして、感謝しています。

ところが、一般には、お寺へ持って行く金包みは黄色の水引と思われているようですが、情けないことです。まして、葬儀の香奠《こうでん》のような白黒の水引など論外のことです。

無功徳……

昔（西暦五二〇年頃）、達磨大師《だるまだいし》が『禅』を中国に伝えられたときのことです。当時、中国には梁《りょう》という国があり、武帝《ぶてい》という天子が治めていました。武帝は仏心天子《ぶっしんてんし》と称されるほど仏教を大切にし、巨大な権力と財力を用いて大きなお寺をたくさん建てたり、多くの僧侶を育てたりして、仏教の発展に力を尽くしていました。また、武帝自身、お袈裟《けさ》を着けて、お経の講義をしていたということです。

そんな時、達磨という高僧が『禅』という新しい仏教を伝えに来たということを聞き、早速、武帝は達磨大師を宮殿に招いて教えを請いました。

その第一問です。

「朕《ちん》は即位以来、寺を造り、経を写し、僧の修行を手助けするなど、数えることのできないほど仏教のために力を尽くしてきた。この行いに対して報《むく》われる功徳《くどく》はどれほどか」武帝はこれまで、ご機嫌とりや胡麻《ごま》すりの側近・僧侶たちから、「ご立派な事業をなされて、きっと絶大な功徳がありましょう……国家は栄え、帝《みかど》のご寿命は尽きることがないと思われます……尽きたとしても、きっと仏に生まれ変わられるでありましょう……」などと聞かされてきたのです。だから、達磨大師の口からも同じような褒《ほ》め言葉が出るに違いないと考えて、いわば、得意満面の質問をしたわけです。

ところが、達磨大師は、たった一言、

「無功徳《むくどく》！（功徳など全くありません！）」

と、突き放してしまいました。

驚いた武帝は更に問いかけました。

「何ゆえに『功徳無し』と言われるのか」

「貴殿の行いは見返りを求める人間の浅はかな知恵から出たものに過ぎない。いわば形に従う影のようなもので、あると見えて、実は何もないのだ」

「では、ほんとうの功徳は如何にすれば得られるのか」

達磨大師は答えます。

「上智円明《じょうちえんみょう》にして、体自《たいおの》ずから空寂。是《か》くの如《ごと》き功徳は、世を以て求むべからず」

上智円明というのは、天地の心と自分の心が一つになった状態です。天地と自分が一つに溶け合えば、全てが空寂となり、そこから生まれるのがほんとうの功徳だと達磨大師は教えるのです。そして、更に言葉を補《おぎな》い、「しかし、このような功徳は、俗世間の打算的な考え方では及ぶべくもないことだ」と教えます。

「上智円明」とか「体自ずから空寂」などと、難解な用語が使われておりますが、分かりやすく言い換えれば、「底抜けの素直さ」ということです。とらわれない、かたよらない、こだわらない、広い心の素直さです。前節に紹介した『正法眼蔵』の「世の中に諂《へつら》わざるなり」という名言そのものの素直さです。

ひろさちや先生の言われる「分けて食べたほうがおいしい」という心も布施の大切な条件ですが、達磨大師の教えである「底抜けの素直さ」も、布施の極めて大切な条件なのです。

一言半句の「法施《ほうせ》」も、一銭一草の「財施《ざいせ》」も、そして、「無財《むざい》の七施《しちせ》」も、全て「底抜けの素直さ」に支えられてこそ、ほんものになるということです。

愛語

（第四章発願利生・その四）

慈念衆生猶如赤子の懐……

大乗仏教の実践行として、修証義は「布施」に続いて、常に「愛語《あいご》」で話すように奨励します。

修証義は、先《ま》ず、

愛語《あいご》というは、衆生を見るに、先ず慈愛《じあい》の心を発《おこ》し、顧愛《こあい》の言語《ごんご》を施すなり。慈念衆生猶如《じねんしゅじょうゆうにょ》赤子《しゃくし》の懐《おも》いを貯《たくわ》えて言語《ごんご》するは愛語なり。

（**現代語訳**→愛語というのは、人々に接するとき、何よりも先に、慈愛の気持ちを抱き、心底から相手のことを思って話しかけることである。いわば、幼いわが子を可愛がるような心で人々に接して《慈念衆生猶如赤子《じねんしゅじょうゆうにょしゃくし》の懐《おもい》》、話しかけることが愛語である）

と、端的に、愛語のありようを示してくれます。

「慈念衆生猶如赤子の懐」とは、おそらく、道元禅師さまが法華経によって戴かれたお気持ちだと思います。第三章・譬喩品《ひゆぼん》の「一切衆生《いっさいしゅじょう》、皆これ吾子《わがこ》なり」の宣言をはじめとして、法華経は仏の心を「親の気持ち」になぞらえて説き続けています。どうすれば我が子が幸福《しあわせ》になれるだろうかと、日夜、親が心を砕《くだ》いているように、仏もまた、全ての人々が真実の幸福《しあわせ》を得られるように念じ続けておられる、と記してあるのです。

とすると、この「猶如赤子の懐」とは、単に分かり易い言葉で優しく語りかける、というのではなく、その言葉がけの根底には、慈悲の祈りがなければならない、ということになります。あくまでも、相手の幸福《しあわせ》を心から祈りながら話すのが「愛語」ということです。

とかく、私たちは、自分の考えを軸にして、それが正しいことと思いこみながら、他と話しがちです。それではいけないのであって、常に相手の幸福《しあわせ》を先に思いながら話してこそ、仏教に帰依する者の会話・言葉となるのだと示して下さるのです。世に「ほんとうの話をしたかったならば、先ず、相手の言葉に心から耳を傾けることだ」といいますが、もっともなことだと思います。

苦しいならば……

昭和五十八年七月十六日のことです。

その頃、林鐘園《りんしょうえん》の訴訟事件で、苦しみのどん底に堕ちこみ、「どうすれば楽に死ぬことができるだろうか」などと真剣に思い巡らしていたわたしは、ふらつく足を踏みしめながら、盆賀《ぼんが》（一般世間の『お中元』に当たる上半期のお礼の挨拶回り）に出ました。

広誓寺《こうせいじ》というお寺へ参上し、仏さまへ礼拝を終えたわたしは、お座敷へ入らせていただいて、盆賀の挨拶を致しました。

そのとき、当時のご住職だった村田愚光《むらたぐこう》老師（平成六年二月十四日遷化）は、わたしに、

「雲龍寺さん、苦しいか……苦しいならば、とことん苦しみなさい……」

と、おっしゃいました。

活字で読むと、こんな非情な言葉はありません。苦しみに喘《あえ》いでいる人間に向かって「もっと苦しめ」というのですから、たまったものではありません。

しかし、そのときの老師のまなざしと口調は、その言葉とは裏腹に、これ以上の暖かさはないと思われるほど、慈愛に満ちていました。

「苦しみが深ければ深いほど、苦しみが大きければ大きいほど、他人のために泣くことができるのだ。僧侶にとって、他人のために泣くことができるということは、何よりも大切なことなのだ。他人の苦しみが解らない僧など、僧侶の資格は無いのだ。

今、あなたは、その大切な資格を戴くための大修行の真っ只中にいるのだ。とことん苦しんで、苦しみとはどんなものかを、しっかり心に刻みこみなさい。そして、それを宝物に育てあげて、世の中の人々のために役立てなさい。めったに戴けない苦しみに出会えたのだ。よかったね……」ということが、ひしひしと伝わってくるお言葉でした。

わたしは、老師のお心を真っすぐに頂戴することができ、涙をぽろぽろこぼしながら、老師のお膝元に跪《ひざまづ》いておりました。そして、わたしを痛め続けてきた苦しみを、貴い宝物として拝むことができるようになりました。ほんとうに有り難いお言葉でした。

村田愚光老師は、お若い頃に、わたしと同じような苦しみをたっぷりと経験なさったお方です。いや、わたしよりも、ずっと辛《つら》い毎日をお過ごしになられたお方です。だからこそ、わたしの苦しみの底の底まで見通されて、ほんとうの慈悲の言葉を投げかけて下さったのです。

「猶如赤子《ゆうにょしゃくし》の懐《おもい》」とは、単に優しく分かり易い言葉を用いようと心がけることではなく、たとえ言葉そのものは厳しく強いものであっても、内に深くて暖かい慈悲を秘めた心情だと思います。そして、その慈悲は、辛い苦しみに耐えてきた者だけに与えられる心情だとも思うのです。苦しみから脱出して、平常心を取り戻すことができた頃、わたしは村田愚光老師に、戴いたお言葉のお礼を申し上げました。すると、老師は、とぼけたお顔をなさって、

「はて、そんなことを言ったかな、私は覚えておらんけれどもな……」

と、事もなげにおっしゃいました。わたしに、心の負担を残すまいとのお心遣いでした。言葉がけをした後で、恩きせがましい顔をしたり、そのことで優位に立とうと思ったりしたら、もうそれは「愛語」ではなくなってしまいます。それも合わせて教えていただいたのです。ほんとうに有り難いお言葉でした。

徳あるは讃むべし……

修証義は、次に、「愛語」の話し方について、注意すべき点を、

徳あるは讃むべし。徳なきは憐《あわれ》むべし。

と、教えてくれます。

相手にすぐれた徳があり、素晴らしい点や長所があったならば、心からそれを褒《ほ》め讃え、その人がそれを励ましとして更に徳を伸ばしていくように心くばりしなさい、また、徳がなく他

人から馬鹿にされ軽く見られているような人がいても、決して軽蔑《けいべつ》せずに、常に慈悲をもって励ましの言葉をかけなさい、という教えです。

人間は、ともすると、自分より勝れた人の言行に接すると、ひそかに嫉妬《しっと》の情を抱いてしまいます。また、自分より少しでも劣っている人の行いや言葉を見聞きすると、心ひそかに軽蔑してしまいます。それではいけない！と、修証義は叱《しか》ってくれるのです。

慈悲とは、他人の長所や幸福を自分のことのように喜び、他人の短所や不幸を自分のことのように嘆き悲しむ心情です。愛語は、この慈悲から発せられる言葉です。難しいことかも知れませんが、一歩でもその心情に近づけるように努力したいものです。

怨敵を降伏し……

次に、修証義は、「愛語《あいご》」のもっている力について、教えてくれます。

怨敵《おんてき》を降伏《こうぶく》し、君子を和睦《わぼく》ならしむること愛語を根本とするなり。面《むか》いて愛語を聞くは面《おもて》を喜ばしめ、心を楽しくす。面《むか》わずして愛語を聞くは、肝《きも》に銘《めい》じ魂に銘ず。愛語能《よ》く廻天《かいてん》の力あることを学《がく》すべきなり。

（**現代語訳**→自分を恨んだり憎んだりして、害を与えようとしている敵を屈服させたり、また、争っている君子《立派な人物》を仲直りさせたりするには、愛語を用いるのが最も大切なことである。

面と向かって愛語を聞くことはこの上なく嬉しいことであり、また、自分のいない所で自分を称賛してくれたことを後で伝え聞けば、肝に銘じて一生忘れない喜びとなるであろう。

愛語には、廻天《かいてん》《国王の命令を覆《くつがえ》すこと》の力があることを学ぶべきである）

この一節を読むとき、わたしはイソップ寓話の『太陽と北風』の話を思い出します。太陽と北風が旅人の外套《がいとう》を脱がせる競争をした話です。

北風は旅人の外套を吹き飛ばそうとして、冷たく強い風をビュウビュウ吹きつけます。旅人は北風が強まれば強まるほど、外套をしっかりと押さえて身を固めます。ところが、太陽が暖かい光で旅人を包みこむと、旅人は身を和らげ、ついには外套を自分で脱いでしまう……という寓話です。

なるほど！　と思います。いうまでもなく、北風は憎悪の激しい言葉であり、太陽は慈悲から出た「愛語」です。イソップ寓話のこの話は、人間の心のありのままを語っていて、面白く、そして、素直にうなずける話です。

肝に銘じ魂に銘じて……

お檀家の、故・山崎政治《やまざきせいじ》さん（前・金城病院長）の思い出です。

昭和五十二年のある晴れた日、山崎さんは奥様とご同伴で、お墓参りにいらっしゃいました。何の前ぶれもなく、突然のご来山だったので、少々、慌《あわ》てました。

そのとき、わたしは箒《ほうき》を手にして山門のあたりを掃除していました。挨拶もそこそこにして、わたしは座敷の支度をするために寺へ入ろうとしました。

すると山崎さんは、「いいですよ。いいですよ。どうぞお構いなく。天気がいいので、ふらりと墓参りに来ただけのことです。どうぞお掃除を続けて下さい。勝手にお参りしてすぐ帰りますから……」と、おっしゃいました。

わたしは、お言葉に甘えて、掃除を続けました。

その一カ月ほど後のことです。山崎さんの病院に入院されていた、故・三香美泰定《みかみたいじょう》老師（前・崇禅寺《そうぜんじ》ご住職）から、とても有り難いお話を聞かせていただきました。

「雲龍寺の檀家で良かったと、診察に来られた山崎院長先生が、とても喜んでおられたよ。先日、前ぶれもせず墓参りに行ったけれど、住職が奇麗《きれい》に剃《そ》った頭で、質素な黒の作務衣《さむい》を着て、掃除に汗を流していた。ほんとうの禅寺へ来た！という清々《すがすが》しい気持ちになった。雲龍寺の檀家で良かったよ……と、嬉しそうに話して下さったよ」

と、告げて下さったのです。

あんなに嬉しいことは、めったにあるものではありません。前年に師父が亡くなり、どうすれば雲龍寺のほんものの住職になれるだろうかと、わたしなりに努力していた頃のことです。先ず剃髪《ていはつ》だ、そして、作務衣で掃除だ、と、ほんものの住職になるためのささやかな努力をしていたのです。その努力が「面《むか》わずして愛語を聞く」という形で報われた思いでした。

こんな嬉しさは、忘れようとしても忘れられるものではありません。一生、その嬉しさを心に秘めながら、常に剃髪をして形を整え、作務衣を着て寺の清掃・整頓に励もうと思っています。まさに「肝に銘じ、魂に銘ず」です。

利行
（第四章発願利生・その五）

利行は現代のボランティア活動……

布施・愛語に続き、修証義は「利行《りぎょう》」の大切さを教えてくれます。

利行というは貴賤《きせん》の衆生に於きて利益《りやく》の善巧《ぜんぎょう》を廻《めぐ》らすなり。窮亀《きゅうき》を見、病雀《びょうじゃく》を見しとき、彼が報謝《ほうしゃ》を求めず、唯単《ひと》えに利行に催《もよ》おさるるなり。愚人謂《ぐにんおも》わくは利佗《りた》を先とせば、自からが利省《はぶか》れぬべしと。爾《しか》には非《あら》ざるなり。利行は一法なり。普《あま》ねく自佗を利するなり。

〈現代語訳↓利行というのは、身分や貧富の差にかかわりなく「人々のために利益になること」「人々が喜ぶこと」に心を配ることである。例えば、人に捕らえられて困っている亀を見たり、病気で衰弱している雀を見たりしたときに、その亀や雀を助けたならば何か良い報いがあるだろうなどと、露ほども考えることなく、唯ひとえに「助けてやりたい」とだけ思って、手をさし延べるようなものである。

愚かな人は、「他人の利益を先に考えたならば、自分の利益が得られないではないか」と思うかも知れないが、そんなことは決してないのである。利行というのは、他人・自分のへだてなど全くなく、自他の対立を超えた行いである。そして、遍く自分も他人も共に救われるのが利行なのである〉

この中の「窮亀」「病雀」は、中国の故事から引用されたものであり、日本の「浦島太郎」や「鶴の恩返し」によく似た物語です。ただし、浦島太郎が玉手箱を開けて爺さんになったり、鶴の恩返し（夕鶴）で最後は悲しい別離で終わったりするのとは少し異なっており、「窮亀」「病雀」は、助けた人が出世をするという、いわばハッピーエンドで終わっています。（次の第五章「行持報恩」で、この窮亀と病雀が、もう一度出てきますから、そのときに詳細を述べます）

とはいえ、浦島太郎も夕鶴のよひょうも、それぞれが最初に亀や鶴に出会ったときは、唯ひとえに「可哀想だ、何とかして助けてやりたい」と思って手をさし延べています。「この亀を助けてやったら竜宮城へ行くことができるだろう」とか「この鶴を救ってやったら美しい女になって嫁に来てくれるだろう」などとは、夢にも考えなかったはずです。ただ一途《いちず》に、「助けてやりたい！」と思って救ったのです。

この心と行いは、現代の「ボランティア活動」と全く同じです。阪神大震災のときに、或いは、ロシアタンカーの石油流出事件のときに、全国から続々と集まってこられた多くのボランティアの方々には、見返りや報酬《ほうしゅう》を求める気持ちは露《つゆ》ほどもありませんでした。また、「利佗《りた》を先とせば自からが利省れぬべし」とする「愚人の思い」も全くありませんでした。まさに、ボランティア活動こそ現代に於ける素晴らしい「利行」というべきでしょう。

ただ、残念なことには、石油流出事件のときに、ボランティアに参加すると申告すれば航空券が割引になったことを悪用し、観光・遊山旅行にそれを用いた人がかなりいたということです。また、近ごろひそかに囁《ささや》かれている言葉に「ボランティア乞食《こじき》」というのがあるそうです。ボランティアに参加すると無料で昼食やおやつを食べることができるというわけで、それだけを目的に顔を出す人たちのことだと聞きます。主人は会社、子供も学校、といった家庭では主婦一人だけの昼食を作るのは面倒だ、ならば、どこかへ行って昼食にありつこう、という浅ましい気持ちからだそうです。更に、提供される昼食やおやつについて不味《まず》いとか量が少ないなどと不平を言い、それを元にしてボランティア先の優劣を決めているとも聞きます。

割引航空券の悪用やボランティア乞食などは、当然、あってはならないことであり、また、決して「利行」ではありません。自他共に損《そこ》なわれる悪行でしかありません。

普ねく自佗を利する……

昨年、体に不調を覚えたわたしは、友人の勧めに従ってマッサージとお灸《きゅう》の治療を受けました。若い頃は他人に体を触られることを「こそがしい」と言って極端に嫌っていたわたしですが、いざ治療してもらうと、こんなに快《こころよ》いものがあったのかと驚き、すっかりマッサージのとりこになってしまいました。今では週一回の治療日が待ちどおしいほどです。お蔭で体調もめきめきと回復し、改めてマッサージの治療効果に驚いています。

とは言うものの、マッサージを受けながら「申し訳なさ」をしきりに感じます。何故なら、マッサージをして下さる先生にとっては、大変な重労働であるからです。体力の限りを尽くして、患者の病根《びょうこん》と戦って下さる、という感じです。いわば、先生の疲労と引き替えに、わたしは快さをいただいているのです。これを「申し訳ない」と思うのは当然のことです。

ある日のことです。隣のベッドで治療を受けていた男の人が、帰りぎわに、先生にお礼を言いました。

「ほんとうに有り難うございました。お蔭さまで楽になりました。ほんとうに有り難うございました」

カーテンで仕切られているので、どんなお顔の方か分かりませんが、聞こえてきた声は真心からの感謝の言葉であることが、素直に伝わってきました。お世辞《せじ》でもなければ、通り一遍の挨拶でもありません。ほんものの感謝の声でした。どんな病気を治療してもらったのか知りませんが、よほど嬉しかったものと思います。聞いていたわたしさえも嬉しくなってしまう声でした。

その声に誘われるように、わたしは言いました、

「先生は素晴らしいお仕事をしていらっしゃいますね。あんなに人さまに喜んでいただけるなんて、ほんとうに素晴らしいお仕事ですね……」

すると、先生は（お名前は井上凱暉《いのうえよしてる》先生）は、

「そうなんですよ。お言葉の通りなんですよ」

と、おっしゃって、次のような話をして下さいました。「私は若い頃、大阪の松下電器産業に技術者として勤めていました。毎日、与えられた仕事に真剣に取り組み、一所懸命に働いていましたが、何か一つもの足りない気持ちが心の底にあることを、いつも感じていました。今、思えば、いわゆる『生きがい』というものを持てなかったのでしょう。

ところが、ベーチェット病という難病にかかって失明してしまい、改めて盲学校に入って鍼《しん》

炙《きゅう》マッサージを学び、そして、治療院の仕事をしているうちに、以前は感じようとしても感ずることができなかった『生きがい』をしっかり感ずるようになりました。

それは、今、貴方が言われたように『人さまに喜んでいただける』ことによって、感ずることができるようになったのだと思います。一所懸命マッサージをさせていただいたことに対して、その場で患者さんからお礼のお言葉がいただける……こんなに素晴らしくて有り難い仕事はないと思います。

家庭電化製品を設計し製作することも人さまの喜びのお手伝いに違いありませんが、私の目の前にあったのは無表情な品物に過ぎませんでした。そして、それを使って下さる人々の喜びなど、遥《はる》か彼方《かなた》の幻《まぼろし》のようなものでした。ところがマッサージの仕事に就いてからは、その喜びのお声を直接聞かせていただけるのです。こんなに嬉しいことはありません。

人間に生まれてきて、人さまに喜んでいただける仕事ができる、これこそほんとうの『生きがい』のある人生だと思います。」

訥々《とつとつ》と話される先生のお言葉に、わたしは『ほんとうの生きがい』の生き生きとしたありようを、しっかりと学ばせていただきました。そして、現代、誰もが求め続けている『生きがい』というものは、利行《りぎょう》を実践することによってのみ得ることができるのだな、と納得しました。

ナマステ・ネパール……

わたしの手元に『ナマステ・ネパール』という本があります。酒井大岳《さかいだいがく》先生がお書きになった素晴らしい本です。

オギノ芳信さん（第一回毎日国際交流賞受賞）という方がいらっしゃいます。写真家のオギノさんは、今から三十年近く前に、ヒマラヤの写真を撮りに行かれたとき、ネパールに住む子どもたちの貧困さと瞳の美しさに心を奪われ、以来、今日に至るまでネパールに水道敷設《ふせつ》と学校建設を続けていらっしゃいます。

そのオギノさんのお人柄とお仕事にすっかり魅せられた酒井大岳先生は、それこそ他の全てを忘れたかのように、ネパールへお通いになり、懸命にネパールの子どもたちのために尽くしていらっしゃいます。

『ナマステ・ネパール』という本は、オギノさんと手を取り合ってネパールに学校を作り続けていらっしゃる酒井大岳先生からの熱いメッセージです。その中から、いくつかの文章を抜粋・転載したいと思います。理由はたった一つ、これこそが「利行」そのものであると思うからです。

「なぜ学校を作るのだろう。

オギノ先生はこう言われる。

『彼らは大地を便所としています。だから大量のハエや蚊が発生して病気が起きるんです。いちばん大事なことは、なぜ不衛生ではいけないのかという、その知識を与えること。そのために学校を作っているんです』

子どもは、5人のうち2人死ぬ。不衛生が原因だそうだ。

ネパールには、学校のない村が全土で1万余あると聞く。国は予算がないことを理由に、ほったらかしておく。オギノ先生にはそれができない。だから学校を作り続けているのである。今、ネパールで、大臣よりも、国王よりも、オギノ先生の信望は厚い」（二十一ページより）

「釈尊のふるさとネパール。かわいい目をした子どもたちがベタベタ死んでゆく貧困の国ネパール。

ひとたびこの地を踏んだら、金襴《きんらん》の袈裟《けさ》などは着ていられないことがわかる。

『――オギノ先生はすごいことをやっている。どこの大和尚《だいおしょう》さまもとてもおっつかない仕事を、汗を流してやっているのだ。お釈迦さまは黙ってそれを見ておられる。わたしは今ネパールを見た。しかし、本当は、ネパールを見に来たのではなくて、オギノ先生を見に来たのである。これは観世音菩薩の化身《けしん》を見たのと同様。これからどう生きるか。命ある限り、オギノ先生のお手伝いをしていきたい――』

真剣にそう思うのであった」（四十八ページより）

「わたしたちが全員涙を流して喜んだのは、ネパールの人たちが幸せになってくれることが、ただただ嬉しかったからです。生きがいって、そういうものじゃないでしょうかね」（百四十ページより）

今、日本人に最も必要なことは、『利行』の実践に違いありません。利行こそ『生きがい』の源泉なのです。

同事

（第四章発願利生・その六）

ニンビイ……

「布施」「愛語」「利行」に続けて、修証義は「同事」の実践を説きます。

同事《どうじ》というは不違《ふい》なり。自にも不違なり、佗《た》にも不違なり。

と書き始められますが、不違《ふい》というのは「違わないこと」であり、「区別や差別をつけないこと」をいいます。また、「自他の区別を立てないこと」とも訳されます。だから「自にも不違なり、佗にも不違なり」とは、自分に対しても他人に対しても区別や差別をしない、ということになります。

私たちは、とかく自分中心にものを考えたり行動したりします。他人の心を尊重し大切にしようと心がけていても、いざとなると何となく自分を中心に置いてしまいます。昔から「自分が一番かわいい」と言われているように、これは生きていくための本能的所業の一つかも知れません。

とはいえ、「人間だから」という言葉に甘えて、それを野放図《のほうず》に許し続けたならば、社会は破滅してしまいます。いや、もう既に破滅してしまっているようにも見受けられます。

NIMBY（ニンビイ）という言葉があるようです。NOT《ノット》 IN《イン》 MY《マイ》 BACKYARD《バックヤード》の略語で、直訳すれば「私の家の裏庭にはお断り」ですが、用いるときの意味は、「火葬場・墓地・ゴミ焼却場・産業廃棄物処理場、そして、原子力発電所・原子力関連施設などは必要だろうが、私の家のそばには作らないでほしい」という意思表示になるようです。

以前、能登半島・珠洲の原子力発電所建設反対運動のルポに、現地に住む老人の言葉として、

「原子力発電所が電力会社や国が宣伝しているように、ほんとうに安全なものならば、なぜ電力をたくさん消費する都会や工業地帯に作らないのか。我々の電力消費量など、ほんの僅《わず》かなものに過ぎないのに……」というのがありました。聞いて、まさしく正論だと思いました。にもかかわらず、都会や工業地帯の近くに原子力発電所が一向に建設されないのは、ニンビイの「我がまま」に押しきられているためだと思います。或いは、意地悪な憶測《おくそく》をしてみると、「国や電力会社は原子力発電を安全だとは思っていない。だから、万一、東海村のような放射能漏《も》れの事故が起こったときのことを考えて、被害人数の少ない過疎地域に建設した方が補償金や見舞金が少なくて済む」という計算がされているのかも知れません。

何れにせよ、無駄遣いとも思われるほど電力を消費し続けている都会の人達が、自分たちのそばには火力や原子力の発電所を作るな、田舎に建てろ、とニンビイをむきだしにし、呆《あき》れるほどゴミを出し続けている都会の連中が、自分たちの近くにはゴミ焼却場や処分場を作るな、他の場所へもって行け、とニンビイをふりかざしているのが、現代のいつわらざる姿だと思います。

火葬場も墓地も、また同じです。風俗営業の建物・暴力団事務所やオームのような危険集団の施設を排除しようとする運動とは全く異なり、自分たちの生活を支えてくれる必要施設さえもニンビイしようとするのは、いわゆる「エゴ」そのものの行為です。

ニンビイが蔓延《まんえん》し、エゴが当然となったとき、人間社会は破滅し、悲劇的な終末を迎えることは明白です。

修証義の説く「同事《どうじ》」は、一つには、このニンビイやエゴを戒めているのだと受け取ります。例えば、いかに過疎地であっても、そこに住む人々が少しでも原子力発電所に恐怖を感じたとしたら、電力の大消費地である都会の人々は、その恐怖をほんとうに理解して、消費地である自分たちの住む地域にこそ発電所を誘致《ゆうち》すべきだと思います。それが嫌《いや》なら、電力を節約して発電所を不用のものとすべきです。その心と行動が「同事」であり、決してうわべだけの思いやりや同情であってはいけないのです。

人と人との……

「同事」は、また、人と人とのかかわりのありようについて、とても大切なことを教えてくれます。その具体的な例として、『伝光録《でんこうろく》』の一節を読んでいただきます。

『伝光録』は、大本山總持寺をお開きになった太祖《たいそ》常済大師《じょうさいだいし》瑩山紹瑾禅師《けいざんじょうきんぜんじ》さまがお書きになられた曹洞宗の大切な書物です。内容は、お釈迦さまから始まって、達磨大師《だるまだいし》を経て、永平寺第二代ご住職孤雲懐奘《こうんえじょう》禅師に至るまでの、代々の祖師方の伝記です。師から弟子へと正しい仏法が伝えられる機縁の逸話を中心として、曹洞宗の伝統が余すところなく記されてあります。

その第五十二章です。この章は、永平寺第二代目のご住職になられた孤雲懐弉禅師（以下、「懐弉禅師」と記します）について述べられてある章ですが、その中から、懐弉禅師さまが、永平寺をお開きになられた高祖《こうそ》承陽大師《じょうようだいし》永平道元禅師《えいへいどうげんぜんじ》（以下、「道元禅師」と記します）に出会い、そして、お弟子になられる経緯の部分を紹介します。

懐弉禅師は、十八歳のとき比叡山で出家し、仏教理論の倶舎論《くしゃろん》・成実論《じょうじつろん》を学び、更に、精神統一法の摩訶止観《まかしかん》を修められました。しかし、名声を得たり権力に近づくことを本意とせず、比叡山を下りて、小坂光明寺で浄土思想を学んだり、また、多武《たぶ》の峰で達磨宗派《だるましゅうは》の修行に励んだりして、巾広く仏法の奥義を求め続けられました。

ちょうどその頃、道元禅師さまが中国からお帰りになり、曹洞禅《そうとうぜん》（正法）という新しい仏法を広めようとなさっていらっしゃいました。そのことを耳にされた懐弉禅師は、

「私は既に比叡山で学び尽くし、浄土門の極意も得て、更に多武の峰で達磨の悟りも開いた。いわば仏法の全てを我がものにしたのだ。然るに、道元和尚という人物が新しい仏法を持って帰国したという。試《ため》しに如何なるものであるか聞いてみたいものだ」

と思われて、道元禅師さまの所へ赴かれました。

道元禅師さまは快く迎え入れられて、二、三日の間、ゆっくりと懐弉禅師さまの語ると

ころをお聞きになりました。その一言、一言に心から頷《うなず》かれる道元禅師さまのご様子を見て、懐弉禅師さまは自分の悟りは正しかったのだと満足し、また、それを正面から受けとめて下さった道元禅師さまを敬われるようになりました。

ところが、数日後、道元禅師さまは懐弉禅師さまに、今まで聞いたことのない仏法の話をされました。そして、その話の内容は、懐弉禅師のこれまでの悟りを打ち砕くほどの力がありました。

びっくり仰天《ぎょうてん》された懐弉禅師さまは、更にその真意を尋ねようとされましたが、道元禅師さまは、

「今、私がいる建仁寺は仮の宿だ。だから、ここを出て他の所に庵《いおり》を結びたいと思っている。その庵に移って後に、訪ねて来るがいい。そのときに再び語り合おう」

とおっしゃいました。

道元禅師さまは、深草《ふかくさ》に庵を結ばれ、坐禅三昧《ざぜんざんまい》の毎日をお過ごしになられました。二年後、文暦元年、久しぶりに懐弉禅師さまが訪ねて来られました。道元禅師さまはとてもお喜びになり、暖かく迎え入れられて、昼夜、仏道を語り合われました。

以後、懐弉禅師さまは道元禅師さまのお弟子になられ、真心をもってお仕えになりました。その師弟の心の通い合いは、他に例を見ることができないほど深いものであり、『伝光

録』の原文には、「水に水を入れ、空に空を合するに似たり。ただ懐弉禅師のみ道元禅師の心を知る。他の知る所に非ず」と記されているほどでした。

このお二人が、師弟として強く結ばれた糸口は、お二人が初めて出会われたときの、道元禅師さまの包容力にあったと推察されます。意気込んで訪ねて来られた懐弉禅師さまの熱弁を、三日間も心をこめてお聞きになられたことにより、懐弉禅師さまは道元禅師さまに全幅《ぜんぷく》の信頼をお感じになられたのだと思います。そして、その信頼関係が築かれたところで、道元禅師さまは「正法（曹洞禅の要《かなめ》）」を教えられたのです。

現代のカウセリングにも同様な過程が見られます。カウセリングの基本は、相手（悩みをもつ人）の心を開かせることにあります。そのためには、カウンセラーは相手の言葉一つ一つに心から耳を傾けることが必要です。どんなに馬鹿馬鹿しいことであっても、どんなに条理に合わないことであっても、とにかく心から聞いてあげることが大切です。そうすることによって、相手はカウンセラーを信頼し、かたくなに閉ざしていた心の扉を徐々に開いていくのです。

自他一如……

修証義は、

譬《たと》えば人間の如来は人間に同ぜるが如し。佗《た》をして自に同ぜしめて後に自をして佗に同ぜしむる道理あるべし。自佗は時に随うて無窮なり。海の水を辞せざるは同事《どうじ》なり。是故に能く水聚《あつま》りて海となるなり。

と示します。

仏さまは、私たち人間を救うために、私たち人間と同じ姿に身を変えて、真実の幸福《しあわせ》を得る法をお説きになる、というのです。観音経にも「**種々の形を以て、諸**《もろもろ》**の国土に遊び、衆生を度**《ど》**脱**《だつ》**したもう**（観音菩薩は、さまざまな人の姿に身を変えて、さまざまな所に遊化し、私たちの苦しみを救って下さる）」とありますが、これも同じです。

道元禅師さまと懐奘禅師さまが、しっかりと師弟の契《ちぎ》りを結ばれたように、また、カウセリングがお互いの深い信頼の上に成り立つように、人と人とが心を許し合うためには、まず相手と一体になることが不可欠です。仏さまが私たちを救って下さるはたらきもまた同じです。

このありようを『正法眼蔵』では「**自他一如**《じたいちにょ》」という語によってズバリと示します。そして、そのはたらきの素晴らしさを、修証義は見事な譬喩《ひゆ》を用いて「**海の水を辞せざるは同事なり。是故に能く水 聚**《あつま》**りて海となるなり**」と示します。「大海に流れ込む川は無数にあって、清流もあれば濁流もある、海はその全てをおおらかに受け入れて、清濁の区別や差別を一切しない、だからこそ大海が大海となりうるのである」というのです。

また、修証義は、**「自佗《じた》は時に随《したご》うて無窮《むきゅう》なり」**とも教えてくれます。大意は「自と他のかかわりは、あるときは自分が他人に同事し、また、あるときは他人によって自分が同事される。いわば、人間は互いに同事し合いながら、無限に成長していくものである」ということです。つまり、先の譬喩を用いるならば、「人は、ある時は川になり、ある時は海になって、互いに心底から受け入れ合いつつ生きていくべきもの」となるでしょう。

そして、「同事」のしめくくりとして、道元禅師さまは、**「ただ、やわらかなる容顔で一切に向かうべし」**と示されるのです。心に噛みしめるべき大切なお言葉です。

卒爾《そつじ》にすること勿れ……（第四章発願利生・その七）

正法眼蔵九十五巻の中から……

以上、修証義第四章「発願利生《ほつがんりしょう》」を説明して参りましたが、その締めくくりとして、また、二度三度と確認していただくために、「発願利生」の原典である『正法眼蔵・菩提薩埵四摂法《ぼだいさったししょうほう》の巻』から、二、三の文章を補足・紹介しておきたいと思います。

理由は、現代ほど「発願利生」の精神が欠けている時代はなく、また、私たちが常に願っている「真実の幸福《しあわせ》」というものは、「発願利生」によってのみ得られると信じているからです。
また、併《あわ》せて、曹洞宗をお開きになられた道元禅師さまのご著書『正法眼蔵（九十五巻）』の中から、

(1)『正法眼蔵・道心《どうしん》の巻』

(2)『正法眼蔵・現成公案《げんじょうこうあん》の巻』

の二巻の概略も紹介しておきたいと思います。

理由は、『正法眼蔵・九十五巻』のほとんどは、出家（僧）のために書かれたものですが、この三巻（道心の巻・現成公案の巻・菩提薩埵四摂法の巻）だけは、在家（俗世間の家業に従事しながら曹洞禅を修めようと心がけている人）のためにお書きになられたものであるからです。

(1)の『正法眼蔵・道心《どうしん》の巻』は、三巻の中でも、最も解かり易く説かれてある一巻です。文体は古文体ですが、心静かに読めば、そのままでも（解釈しなくても）納得できる文章です。
内容は、仏道（曹洞宗の信心）を求めるには、先ず、ほんとうの道心を知ることが大切であると説き、次いで、その具体的な生活の仕方が述べられてあります。概略は次の通りです。

一、世ははかなく、自分の生命はいつどのようになるやも知れぬものであることを忘れてはい

けない。しかし、そのことにとらわれてばかりいてはいけないのであって、仏の説かれた法に従うことが何よりも大切なことである。

二、次には、仏・法・僧の三宝を信じて敬うことが大切である。（ここでは、徹底した信心のありようが述べられてあり「修証義」にも収録されてあります。また、私たちが最も怖れる死後の世界について、きわめて明瞭な説明が述べられ、そこに於ける信心のありようまで示されてあります。）

三、仏を造り、法華経を写経し、袈裟をかけて坐禅することが大切である。

以上の通りですが、わたしはこの「道心の巻」に導かれて法華経写経の世界に入り、たとえようのない大きな喜びと、量り知れないほどのさまざまな功徳を頂戴することができました。その有り難い体験から、皆さま方にも法華経写経を心からお勧めしたいと思っています。

(2)の『正法眼蔵・現成公案《げんじょうこうあん》の巻』は、道元禅師さまが天福元年（一二三三）、「鎮西の俗弟子・楊光秀《やなぎみつひで》」という人に書き与えられた一巻です。この一巻は、文学的にみても実に素晴らしい文章で綴《つづ》られ、『正法眼蔵』の代表的な一巻となっています。

増谷文雄先生は『現代語訳・正法眼蔵・第一巻』の中で、「まったく整々かつ暢達たるものであって、おそらくは、『正法眼蔵』の数おおい巻々のなかにあっても、まさに白眉となし、圧巻のものといって、けっして過言のとがめを受ける惧《おそ》れはあるまい」

とまで絶賛しておられます。

しかし、内容は極めて深遠・高度なものであり、かなり坐禅に打ち込まないと体得できない内容です。お恥ずかしいことですが、わたしにも手がとどきません。

たとえば、

「仏道をならうというは、自己をならうなり。自己をならうというは、自己を忘るるなり。自己を忘るるというは、万法《まんぼう》に証《しょう》せらるるなり。万法に証せらるるというは、自己の身心および他己《たこ》の身心をして脱落《だつらく》せしむるなり」


という一節を拝読すると、よく解ると思います。

この一節は、正法眼蔵を少しでもかじった人ならば、すぐ思いうかべるほどの、よく知られた一節であり、文章自体も比較的やさしい一節です。しかし、いざ実践となると決して容易な内容ではありません。よほど坐禅に親しんだ人でなければ不可能なことです。この『現成公案の巻』を戴かれた「鎮西の俗弟子・楊光秀」という人は、僧ではないけれども、かなり坐禅を続けられたお方に違いないと推測します。因《ちなみ》に、巻名の「現成公案」とは、「さとりの実現」或いは「さとりの姿」というような意味です。


菩提薩埵四摂法……

さて、**『正法眼蔵・菩提薩埵四摂法の巻』**のご案内を始めます。

まず、巻名の「菩提薩埵」とは、サンスクリット語（古代インド語）の「ボディ・サットヴァ」を漢字に当てはめた言葉であり、いわゆる「菩薩」のことです。

菩薩とは、狭い意味では、文殊菩薩や観音菩薩などのように、私たちが信仰の対象として拝む菩薩さまたちのことであり、広い意味では、大乗仏教を信じて真実の幸福《しあわせ》を得たいと願う人々すべてを指します。つまり、私たちのことです。

次に「四摂法」とは、「衆生を摂取するための四つの項目」であり、具体的にいえば「社会に対する四つの徳目」ということです。

従って、「菩提薩埵四摂法」とは、**「大乗仏教を信じて真実の幸福《しあわせ》を得たいと願う人の、社会に対して実践しなければならない四つの法」**ということになります。修証義の第四章「発願利生」に示されている「布施」「愛語」「利行」「同事」が、その四つの法なのです。

この四つの法については、これまで述べてきましたから、よくお解りいただけたと思いますが、いま少し補足する意味で、「菩提薩埵四摂法の巻」の中から二、三抜き書きをさせていただきます。（くどいようですが、ここに記します抜き書きは、あくまでも補足であり、主文は修証義に記されてある通りです。念のため……）
①「布施」について。

ほとけのたまわく「自身においてすら受用《じゅよう》すべし。何《なん》ぞいわんや能《よ》く父母妻子に与えんをや」と。しかあれば知りぬ、自ら用いるも布施の一分なり。父母妻子に与うるも布施なるべし。

大意↓釈尊は「自分自身が仏法を聞かせていただき、その利益を戴いているからには、父母にも妻子にも、その仏法と利益《りやく》を与えるべきである」と仰せになられた。そのお言葉によって、自分自身も布施によって生かされているのであり、父母や妻子にも仏法を布施しなければならないということを知るのである。

補足↓『父母恩重経』の中に「親孝行とは、単に親に豊かな生活をさせてあげることだけではなく、仏の教えを聞かせてあげることこそ、ほんとうの親孝行である」とありますが、その趣旨と同様に、まず、父母や妻子など身近な人たちと、仏の教えによって心を通い合わせることを勧められた、暖かい一節だと思います。

②「愛語」について。

世俗には安否をとう礼儀あり。仏道には珍《ちん》重《ちょう》のことばあり、不審《ふしん》の孝行あり。

大意↓一般世間には、「無事ですか、いかがですか」と尋ねる礼儀がある。仏道には、「さようなら、ごきげんよろしゅう（珍重《ちんちょう》）」という別れの挨拶や、「ごきげんいかがですか（不審）」という師僧をいたわる言葉がある。

補足↓何でもないことのようで、現代、忘れられていることの一つが、日常のきちんとした挨拶です。いかに親しい間柄であっても、「おはようございます」「おやすみなさい」「ありがとうございます」などという日本人としての生活基本の挨拶はきちんと行うべきです。それが「愛語」の出発点であり、これができないようでは、どんな立派なことを口にしても、それはすべて嘘《うそ》・偽《いつわ》りになると思います。

③「利行」について。

怨親《おんてき》ひとしく利すべし。もしこの心を得れば、草木風水にも利行《りぎょう》の自ずから不退不転《ふたいふてん》なる道理、まさに利行せらるるなり。

大意↓憎い人にも親しい人にも、等しく利益をもたらすように心がけるべきである。もし、その心をもつことができたならば、草木や風や水までも大切にする心が生じてくる。それこそ、まことの利行なのである。

補足↓自分だけの利益を追い求め、他人（怨親）のことなど無関係だといわんばかりの現代に於いて、この一文は空しい響きをもっているかも知れません。しかし、日に日に荒れ果てていく大自然の姿を眺めるとき、草木や風や水のことを、おろそかにし続けてきた私たちの愚かさが悔やまれ、その根源が利行の欠如《けつじょ》にあったことが痛烈に反省させられます。

④「同事」について。

明主《めいしゅ》は人をいとわざるなり。人をいとわずといえども、賞罰《しょうばつ》なきにあらず。賞罰ありといえ

ども、人をいとうことなし。

大意→すぐれた君主は人を嫌わない。人を嫌わないというけれども、賞罰をしないというわけではない。その行いに対して賞罰はきちんとするけれども、人そのものを決して嫌わないのである。

補足→罪を憎んで人を憎まず、という言葉がありますが、その言葉の趣意を更に深めると、この一文に到達するのではなかろうかと思います。人を差別せず、すべて等しく人間であるという「同事」そのものの心です

卒爾にすること勿れ……

修証義・第四章「発願利生」は、

大凡《おおよそ》菩提心の行願《ぎょうがん》には是の如《かく》くの道理静かに思惟《しゆい》すべし。卒爾《そつじ》にすること勿《なか》れ。済度《さいど》摂受《しょうじゅ》に一切衆生皆化《け》を被《こう》ぶらん功徳を礼拝《らいはい》恭敬《くぎょう》すべし。（**大意**→真実の幸福を求めるための行いと願いは、以上述べたような四摂法によってのみ果たされるという道理を、心静かに思いめぐらしなさい。決して軽々しく考えてはいけない。そして、自分自身もまた、多くの人々の布施・愛語・利行・同事に支えられて生きていることを思い、心から感謝し手を合わせて礼拝しなさい）と、締めくくられます。

この節の題名とした「卒爾《そつじ》にすること勿《なか》れ」とは、「決して軽々しく考えてはいけない」という意味です。この言葉を題名に選んだわたしの願いを、どうぞお察し下さい。

第五章

行持報恩

見釈迦牟尼佛……（第五章行持報恩・その一）

第五章『行持報恩』を読むに当たって……

この『修証義を読む』も、いよいよ最終章に入ります。第五章は「修証義」のしめくくりでもあり、また、曹洞宗の教えの根本を示してある重要な章でもありますので、ごゆっくり熟読されることを、お願い致します。

まず、「第五章・行持報恩《ぎょうじほうおん》」の理解を深めるために、これまで読んできた内容を、ごく簡単にまとめておきます。

第一章「総序」

真実の幸福《しあわせ》を得るには仏法に巡《めぐ》り会うことが大切であるが、そう簡単に巡り会うことができない。しかし、幸いなことに、私たちはその巡り会うことの難しい仏法に巡り会うことができた。とはいえ、私たちの生命は実にはかないものであり、また、私たちの生涯は因果の道理の上に成り立っているということを熟知しなければならない。

第二章「懺悔滅罪」

真実の幸福《しあわせ》を得るには、まず、「私たちは、生きていくために、さまざまな悪行を為し続けている」という事実をしっかりと自覚し懺悔《さんげ》して、素直な心にならなければならない。この素直さがなかったならば、仏さまの声を聴くことはできない。

第三章「受戒入位」

次に、真実の幸福《しあわせ》を得るためには、仏さまの示される戒めに従って生きることを誓うことが必要である。

その「戒《いまし》め」とは、

①仏法僧の三宝を信じて敬うこと。(三帰戒《さんきかい》)

②悪行を為さず、善行を積み、人々のために力を尽くすことを信条とすること。(三聚浄戒《さんじゅじょうかい》)

③殺さない・盗まない・嘘をつかない、など十カ条の戒めを守って生きること。(十重禁戒《じゅうじゅうきんかい》)

の十六カ条の戒めである。

この「十六条戒」を心から納得し、遵守《じゅんしゅ》して生きていくことを仏に誓ったならば、真の仏弟子となることができ、真実の幸福《しあわせ》に一歩近づくことができる。

第四章「発願利生」

真実の幸福《しあわせ》は、自分の生き方を整えるだけではなく、世間の人々に対する深い思いやりを伴ってこそ、得られるものである。

その思いやりとは、

①財物や仏の教えを、惜しみなく他に施すこと。(布施《ふせ》)
②慈愛の心のこもった言葉で語りかけること。(愛語《あいご》)
③他人の喜びや利益になることに汗を流すこと。(利行《りぎょう》)
④差別の心を滅し、自他一如の心に徹すること。(同事《どうじ》)

この、修証義第一章から第四章までの教えの展開は、実に明快であり、屁理屈《へりくつ》やこじつけなど一切ありません。素直に受け取ることができる素晴らしい教えの展開であり、実践の手引きです。ここに示されてある通りに実践していくならば、誰でも「真実の幸福《しあわせ》」を得ることができます。

人間であるならば、こんな素晴らしい教えと巡り会えたことをおおいに喜ぶと共に、心から感謝するのは当然のことです。

修証義は、その感謝のありようとして、最終第五章で「行持報恩《ぎょうじほうおん》」という生き方を示してくれるのです。

「行持《ぎょうじ》」とは、修行を持続することをいいます。従って、「行持報恩」とは、教えられた通りの行いを怠けずに実践し続けることが、そのままに感謝・報恩になる、ということです。「報恩《ほうおん》」とは、感謝の心を行動に現すことをいいます。

南閻浮の人身に……

さて、修証義・第五章「行持報恩」は、

此の発菩提心《ほつぼだいしん》、多くは南閻浮《なんえんぶ》の人身《にんしん》に発心《ほっしん》すべきなり。

という一節から始まります。

「発菩提心《ほつぼだいしん》」とは、真実の幸福《しあわせ》を得たい！と、心から願う祈りです。そして、この「発菩提心」は、主として南閻浮州《なんえんぶしゅう》に生まれた人間の心に芽生えてくるというのです。

南閻浮洲というのは、私たちの住む世界のことであり、古代インドの世界観から生じた世界の一つです。

古代インドでは、世界の中心に須弥山《しゅみせん》という最高の山があって、その山の東には「東勝身洲《とうしょうしんしゅう》」、西には「西牛貨洲《さいごがしゅう》」、南には「南閻浮洲」、北には「北倶盧洲《ほっくろしゅう》」という世界が広がっていると考えられていました。

そして、この四つの世界の中で、釈尊がお生まれになって説法されるのは、南の「南閻浮洲」

であると伝えられてきたのです。

その理由は、他の三洲に比べて南閻浮洲は苦しみや悩みが最も多い世界であるからだ、というわけです。

例えば、北倶盧洲という世界は、全ての人々の寿命は千年であり、若死にする者は無く、生きているうちは二十歳代の元気に満ちあふれ、欲しいものは何でも自由に手に入り、病気、喧《けん》嘩《か》、争い、盗み、貧乏、不倫なども無く、常に穏やかで平和な世界である、とされています。だから、全ての人々が幸福そのものの人生を楽しんでいる世界であるから、そこには宗教信仰などは不必要だというわけです。

それに比べて、南閻浮洲は人々は幼くして死ぬ者あり、若くして死ぬ者あり、働き盛りで死ぬ者ありで、せいぜい長生きしたとしても七十年から百年ほどの寿命しか与えられていないとされます。また、その短い生涯にはさまざまな苦悩が渦《うず》巻いており、人々はその渦に翻《ほん》弄《ろう》され続けているといわれます。そして、その苦悩にあえぐ人々を救うために、釈尊がお生まれになったというのです。

この世界観・考え方は、一見、荒唐無稽《こうとうむけい》であり、非科学的な世界観のように思われます。スペースシャトルに載せたハイビジョンのテレビカメラが地球を隈《くま》なく映し出しても、須弥山《しゅみせん》などどこにもないではないか、といってしまえばそれまでです。また、学者の中には、須弥山とはヒマラヤ山脈を想定したものだ、という説を唱える方もいらっしゃいます。

しかし、わたしはそのような現実世界と対比する必要は全くないと思うのです。いわば、この世界観は、地球上に広がる現実の世界についての観察ではなく、あくまでも心象風景《しんしょうふうけい》であり、その心象風景を通して宗教の必要性、そして、釈尊ご生誕の必然性を示している大切な考え方だと思うのです。

確かに、私たちの住むこの世界は「南閻浮洲」そのものの姿であり、決して「北倶盧洲」のような別天地でもなければユートピアでもありません。短い人生しか与えられていない、苦悩の続く世界です。

楽をして生きてゆける「北倶盧洲」を想像してみると、一見、とても羨《うらや》ましく思い、そこに生まれたかったな、と考えたりもします。しかし、一千年もの長い間、二十歳代の元気さで生きて、何一つ不自由さを感じないとしたら、きっと退屈《たいくつ》でしようがないだろうと思います。「南閻浮洲」に生まれた者の負け惜しみかも知れませんが、わたしはそんな長い退屈さよりも、短い人生の中で転んでは起き、挫折しては立ち上がり、汗と涙を流しながら懸命に生きる生き方の中で、人生の意義を模索する方が素晴らしいと思います。

次に、修証義は、

今是《かく》の如き因縁《いんねん》あり、願生《がんしょう》此娑婆国土《ししゃばこくど》し来たれり。

と、重大な発言をします。

この発言は、「因縁があって、私たちは心から願って、この南閻浮洲の娑婆という国土に生まれてきたのだ」という意味です。

娑婆は忍土《にんど》とも解釈され、さまざまな苦悩を耐え忍ぶ所といわれます。南閻浮洲といい、娑婆といい、一見、好ましい所ではありませんが、そんな好ましくない国土へ私たちは心から願って生まれてきたのだというのです。

これは、どのように受け取るべき発言でしょうか。

私事になりますが、わたしが『法華経・譬喩品《ひゆぼん》』を写経していたとき、とても大きな感動を覚えて思わず涙ぐんだことがあります。

それは、釈尊が舎利弗《しゃりほつ》尊者に向かって仰せになったお言葉です。

「舎利弗よ、私は遥か昔の過去の世から、汝のために法を説き続けてきたのだ。だから今、汝はこの世に生をうけて仏法の中に生まれてきたのだ……」

このお言葉に接したとき、わたしはわたし自身の幸福《しあわせ》に身震いするような感動を覚えました。

禅の公案《こうあん》（問題）の一つに「父母未生以前《ぶもみしょういぜん》は如何《いかん》（両親もまだ生まれていない頃、お前はどこで何をしていたか）」という難問があります。人間の本質を尋ねる重要な問題ですが、わたしのような愚か者には全く歯がたたない問題です。だから、法華経を読む前は、この問題解決に取り組むことさえもあきらめて、ションボリしておりました。

ところが、法華経は、「前世、そのまた前世の遥か昔の過去から仏法を聞いてきたから、今、この世に生をうけて、法華経に出会えたのだ」と告げてくれたのです。

この一節に接したときほど感動したことはありません。自分という人間が、どんな因縁でこの世に生まれ、そして、この世で何を為すべきなのかという重要な意義、人間としての根本問題を明確に教えていただいたのですから、当然のことです。身震いして涙ぐんだ感動を決して忘れません。

この体験と修証義の「願生此娑婆国土《がんしょうししゃばこくど》し来《き》たれり」とは、どこか通じ合うものがあるように思います。

苦悩の渦巻く南閻浮洲であるからこそ、そして、苦悩に耐えなければならない娑婆国土であるからこそ、願って此処《ここ》に生まれ、その苦悩の中で汗と涙を流しながら、仏さまのお説法を聞き、かけがえのない人生の意義を見つける努力をさせていただくのだ！という自覚を促《うなが》してくれる一節だと思うのです。

見釈迦牟尼仏を喜ばざらんや……

南閻浮洲・娑婆国土で苦悩に耐えながら一所懸命に生きている私たちのために、お釈迦さまがお生まれになったということは、譬《たと》えようもないほど大きな喜びです。

修証義は、その喜びを、

見釈迦牟尼仏《けんしゃかむにぶつ》を喜ばざらんや。

（**大意**→釈尊に見えることができたことを、《釈尊の教えを聞くことができたことを》喜ばないでおられようか）

と、表現します。

『法華経・方便品《ほうべんぼん》』に、「諸仏は、一大事因縁をもって、人々の仏心を目覚めさせ、人々に仏心の素晴らしさを教え、人々に仏心を納得させ、人々を真実の幸福に導き入れるために出現された」とあります。

私たちのために真実の幸福《しあわせ》を説き続けて下さる釈尊に巡り会えたことを、心から喜ばずにはいられません。

般若を尊重するが故に

（第五章行持報恩・その二）

善財童子……

雲龍寺のご本尊さまは、「華厳経《けごんきょう》を説いていらっしゃるお釈迦さま」です。

華厳経は正式の名称を『大方広仏華厳経《だいほうこうぶつけごんきょう》』といい、極めて厖大《ぼうだい》な、そして、とても難解なお経です。それもそのはずで、このお経は釈尊がお悟りをお開きになった直後の、いわば、若い情熱の真っ只中で、釈尊のお心に描かれた大宇宙観だからです。

その大宇宙は「蓮華蔵世界《れんげぞうせかい》」と呼ばれ、無数の蓮弁《れんべん》の一つ一つに無数の釈迦牟尼仏《しゃかむにぶつ》が坐して説法をされ、その中心に大宇宙の主としての毘盧遮那仏《びるしゃなぶつ》が坐しておられる、と説きます。これは人知を遥かに越えた壮大なスケールの宇宙観です。（奈良・東大寺の大仏さまは、この毘盧遮那仏です。また、東大寺は華厳宗の総本山です）

坂村真民《さかむらしんみん》先生は、『月刊・ナーム』誌の中で、

「大蔵経の中で、法華経が高峰エベレストであるなら、華厳経はインド洋である。法華経を父

いて
なる教えとするならば、華厳経は母なる教えである。わたしは、そう思っている」と、書いていらっしゃいます。

法華経を、仰ぎ見れば見るほど高く聳《そび》えるエベレストに譬え、華厳経を、尋ねれば尋ねるほど深いインド洋に譬えられた先生の詩心に、改めて尊敬の念を抱きます。

『華厳経』は、「入法界品《にゅうほっかいぼん》」という章で締めくくられています。この章は、善財童子《ぜんざいどうじ》と称される少年が、菩薩の道・仏の道を尋ねて五十三人の師を遍歴するという物語です。（東海道五十三次は、この善財童子の遍歴にあやかったものと伝えられています）

善財童子は文殊菩薩《もんじゅぼさつ》に出会って、菩薩の道・仏の道を尋ねます。すると、文殊菩薩は微笑《ほほえ》みながら、「南の方に、功徳雲比丘《くどくうんびく》という人がいるから訪ねるように」と教えます。喜んだ善財童子は指示どおりに功徳雲比丘を訪ね、教えを受けます。すべてを授けた功徳雲比丘は「次に海雲比丘《うんびく》を訪ねよ」と指示します。このようにして、次から次へと、新しい師を紹介されて、五十三人の師を遍歴し続けるというのが「入法界品」の筋書きです。

最後は普賢菩薩《ふげんぼさつ》のもとにたどり着いて菩薩の道を得る、ということになっていますが、その、ひたむきの求道《ぐどう》の遍歴《へんれき》は終わりのない旅のように思われてなりません。ひょっとすると、善財童子は今もなお、師を求めて歩き続けているかも知れません。私たちに、真摯《しんし》な、そして、底抜けに素直な生き方を示唆《しさ》してくれているような、善財童子です。

さて、善財童子が訪れて、教えを受けた五十三人は、修行を積んで悟りを開いた聖者や高僧ばかりではありません。中には異教徒の司祭や、武勇に勝れた王様、或いは商才に長けた長者もいます。老人もいれば子供もいます。男だけではなく、女性もいます。更に驚くことには、世に害毒を流すと嫌われる遊女さえも入っているのです。年齢も、性別も、職業も、身分も、地位も、貧富も、一切かかわりなく、ただひたすら道を求めるために、その人々（師）たちの足元にひれ伏して教えを乞《こ》う善財童子の姿を想像してほしいと願います。真実の幸福《しあわせ》は、そんな謙虚な行いの中にこそ得られるものだと考えます。

般若を尊重するが故に……

「修証義・第五章行持報恩」は前回に説明した、

見釈迦牟尼仏《けんしゃかむにぶつ》を喜ばざらんや（釈尊に出会うことができ、釈尊の教えを聞くことができた。なんと喜ばしいことではなかろうか）

という喜びの声に続けて、

静かに憶《おも》うべし、正法世に流布《るふ》せざらん時は、身命《しんめい》を正法《しょうぼう》の為に抛捨《ほうしゃ》せんことを願うとも値《お》うべからず。正法に逢《お》う今日の吾等を願うべし。見ずや、仏の言わく、「無上菩提《むじょうぼだい》を演説《えんぜつ》する師に値《あ》わんには、種姓《しゅしょう》を観《かん》ずること莫《なか》れ、容顔《ようがん》を見ること莫《なか》れ、非を嫌うこと莫《なか》れ、行いを考

うること莫《なか》れ、但般若《はんにゃ》を尊重《そんじゅう》するが故に、日日三時《にちにちさんじ》に礼拝《らいはい》し、恭敬《くぎょう》して、更に患悩《げんのう》の心を生ぜしむること莫《なか》れ」と。

と、示します。

現代語に直します。

「心を落ち着け、深く考えてみなさい。真実の幸福《しあわせ》を得るための法（正法）が世の中に未《いま》だ現れていない時は、何とかして正法に巡り逢いたいと必死に願っても、それは到底叶《かな》えられないことである。しかし、今日、我々はその正法に巡り逢えたのだ。こんな喜ばしいことはない。真実の幸福《しあわせ》を得るための般若《はんにゃ》（仏の智慧）を尊重すべきことについて、仏は次のように仰せになっておられる、

『真実の幸福《しあわせ》を説き明かして下さる師に出逢うには、その人の出生や身分をせんさくしてはいけない。また、その人の容貌の良し悪しにこだわってもいけない。また、その人の欠点を嫌ってはいけない。また、その人の行いを批判してはいけない。そのわけは、ただひたすらに般若（仏の智慧）を尊重するためなのだ。また、般若を尊重するがゆえに、師を日々、朝昼夕に礼拝し、謹んで敬い、決して煩《わずら》わしいと思ってはいけない』と。」

この中の「般若」とは、（　）の中に「仏の智慧」と記しましたが、詳しくは、「真理を認識し、悟りを開くはたらき。最高の智慧（広辞苑）」と説明されます。

さて、この一節の後半に引用されてある「仏の教え」に注目したいと思います。「種姓《しゅしょう》を観じてはいけない。容顔《ようがん》を見てはいけない。非《ひ》を嫌ってはいけない。行いを考えてはいけない」とは、まさに『華厳経』の善財童子の遍歴そのままの心得であるからです。そして、仏教を信じて、真実の幸福《しあわせ》を得たいと願う者の、是非、心がけなければならない大切なことでもあるからです。

吉川英治《よしかわえいじ》さんの言葉に「われ以外、みなわが師」という名言があります。少しでも心ある人は、なるほど、と思い、自分もそのような心境になりたい、と願います。

しかし、実際はどうかというと、つい自分の尺度をもって他を計り、その尺度に適したものだけを師として認め、尺度に外れたものを哀れみの目で眺めたりしてしまいます。そのような、自己中心の判断で取捨選択するという傲慢《ごうまん》さは、吉川英治さんの名言に反することは無論のこと、善財童子のひたむきな遍歴の心からは遥か遠く隔たり、これでは、真実の幸福《しあわせ》など、到底、手に入らないと考えます。

一休禅師の逸話を思い出します。

京のある商家の主人から法事を頼まれた一休禅師は、質素な墨染《すみぞ》めの衣をまとってお出かけになります。店先に立たれた一休禅師を見て、主人は「乞食坊主《こじきぼうず》の来る所ではない、早々に立ち去れ」と追い出します。主人は一休禅師にお会いしたことはないけれども、その名声を聞いてお招きしたのです。追い出された一休禅師は、いったん大徳寺に帰り、今度は緋《ひ》の衣《ころも》に金襴《きんらん》の袈裟《けさ》をまとって、再び店先にお立ちになります。すると主人は丁寧にお辞儀をして座敷に案内します。

一休禅師は、その場で金襴の袈裟と緋の衣を脱いで仏壇の前に置き、さっさとお帰りになられます。驚いた主人は、一休禅師を追いかけて行き「是非、法事をして下さい」と頼みます。するど、一休禅師はおっしゃいました、

「先ほど、墨染めの衣を着て店先に立ったとき、お前は私を追い出した。そして、緋の衣に金襴の袈裟を着けて行ったときには、丁寧に迎え入れてくれた。ということは、一休という私に法事を頼んだのではなく、緋の衣と金襴の袈裟に法事を頼んだのだろう。だから、お前の望みどおり、衣と袈裟を仏壇の前に置いてきたのだ」

と……。

この逸話は、私たちに深く厳しい反省を促す話だと思います。

私たちは頭の中で、吉川英治さんの名言にうなずき、善財童子の遍歴を見習いたいと考え、修証義の教えを守らねばと思います。しかし、実際には、ともすると外見や容貌、地位や身分、あるいは評判などによる自分勝手な判断をし、京の商家の主人のような失敗をしてしまいます。

そんなことでは、真実の幸福《しあわせ》を得ることができないと、修証義は諭《さと》してくれるのです。

種姓を観ずること莫れ……

釈尊は、ある意味では偉大なる革命家でもあったと思います。

当時の古代インド社会には、四姓《しせい》制度と称される身分差別思想が厳然と存在し、人は生まれながらにして、その差別に服従しながら生きてゆかねばなりませんでした。バラモンと称される最高身分、クシャトリヤと称される支配階級、ヴァイシャと称される庶民たち、そして、スードラと称される奴隷《どれい》たち、という身分差別でした。

その、差別の真っ只中で、釈尊は「完全な平等」をお唱えになられたのです。つまり、仏の教えには身分差別は全くなく、仏の前では全てが平等であると教えられたのです。

例えば、釈尊のお声を直に記録したと伝えられる『スッタニパーダ』という経典に、次のような一節があります。

「生まれによってバラモンなのではない。行為によってバラモンなのである」

このような発言は、当時のインド社会に於いては、まさに驚天動地《きょうてんどうち》の発言であったと思われます。それまでの社会組織の基礎になっていた強固な身分差別を、根本から否定されたのですから、まさに立派な革命家だったのです。

修証義の「種姓《しゅしょう》を観《かん》ずること莫《なか》れ」は、そこまで溯《さかのぼ》って考えなければならない大事なことなのです。

道元禅師さまも、釈尊と同じ立場で教えられます。例えば、『正法眼蔵・礼拝得髄《らいはいとくずい》の巻』で、その頃、当然のように考えられていた女性差別の考え方を真っ向から否定していらっしゃいます。（現代語に直して紹介します）

「この日本国には一つの嗤《わら》い事がある。それは、結界《けっかい》だとか道場だとか称して、女人《にょにん》の入ることを許さないことだ。そして、このような間違った風習を伝えてきて、いささかも疑ったりしない。情けないことだ……」

また、

「女人にどんな欠点があるというのだ。そして、男にどんな秀れた点があるというのだ。悪人と呼ばれる人に男もいるし、善人と呼ばれる人に女もいる。仏の法を聞きたいと願い、真実の幸福を得たいと願うことにおいては、男も女もない……」

身分差別を真っ向から否定された釈尊……

女性差別をきっぱりと退けられた道元禅師さま……

このお二人の教えを信じ、その教えの中で生きていこうと願う私たちにとって、差別という行いは決してしてはならない行いです。

それは、人間一人ひとりが、お互いの心と生命を大切にし、そして、その人間一人ひとりが真実の幸福を得るための智慧、即ち「般若《はんにゃ》」を心から尊重するためです。

仏祖若《も》し単伝《たんでん》せずば……（第五章行持報恩・その三）

伝光録《でんこうろく》より……

『伝光録』は、總持寺のご開山、太祖・瑩山紹瑾《けいざんじょうきん》禅師さまがお書きになられた書物で、釈尊から始まって、永平寺第二代・孤雲懐奘《こうんえじょう》禅師さまに至るまでの、五十三代にわたる祖師方の伝記が記されてあります。主として、師から弟子へと仏法が伝えられる機縁に焦点を定め、正法（仏法）が連綿と受け継がれてきた様子が書き記してあります。

その中から、お二人を選び、大意を現代文で紹介させていただきます。

(1)　第二十九祖・大祖《たいそ》慧可《えか》禅師のこと。

達磨《だるま》大師の徳を慕い、弟子となって教えを受けたいと願った慧可《えか》禅師は、嵩山《すうざん》少林寺の達磨大師を訪ねました。時は、大通二年十二月九日、寒気の厳しい日でした。

達磨大師は入門を許しませんでした。しかし、慧可禅師はあきらめることなく、降り出した雪の中に立ちつくして入門を願い続けました。

降りしきる雪は慧可禅師の腰を埋《う》め、寒気は骨に徹しました。辛《つら》さに落ちる涙が凍っていく様子を見るにつけても、寒さがいや増して、禅師を苦しめました。しかし、禅師は「昔の祖師たちは、正法のためには自らの生命も惜しまなかった。寒さなどに負けてたまるか」と心を励《はげ》まし、一晩中立ち続けられました。

翌朝、その姿をご覧になった達磨大師は、「雪の中に立ち、何を求めるのか」と尋ねられました。慧可禅師は「すべての人々を救う道を教えてほしいのです」と答えました。すると達磨大師は「諸仏の妙道は至難の道である。小徳、小智、軽心、慢心を以て求めても、求められるものではない」と突き放されました。その言葉を聞いて、慧可禅師は更に求道の志を強められ、遂に利刀をもって自分の左腕を切断して達磨大師に捧げ、切なる心を示されました。ご覧になった達磨大師は「汝は仏道を修行するに相応《ふさわ》しい器《うつわ》である」と仰せになり、慧可という名を与えて、弟子となることを許されました。

⑵　第三十三祖・大鑑慧能《だいかんえのう》禅師のこと。

慧能《えのう》禅師の師は、大満弘忍《だいまんこうにん》禅師というお方です。当時、弘忍禅師の徳を慕って参集し、共に修行に励んだ僧は七百人を越えたと伝えられます。

慧能禅師もその一人でしたが、禅師に与えられた仕事は米つきという作業でした。禅師は飽きることなく、毎日、朝から晩まで精米の仕事に励んでいらっしゃいました。

ある時、師の弘忍禅師は七百人の弟子たちに、「各自、随意に一偈《いちげ》を述べよ。もし、私の意に適《かな》うものがあったら、正法の後継者として、正伝《しょうでん》の袈裟《けさ》を与えよう」とおっしゃいました。

七百人の弟子の中に、自他共に最上位と目された神秀《しんしゅう》という僧がいました。神秀は「我こそ!」と決意して、四日間苦心を重ね、次のような一偈を作り、廊下の壁に書き記しました。

「身は是《こ》れ菩提樹《ぼだいじゅ》、心は明鏡《めいきょう》の台《だい》の如し。時々に勤《つと》めて払拭《ふっしょく》し、塵埃《じんあい》を惹《つ》かしむること勿《なか》れ」

(**大意**↓人間は生まれながらに仏性が備わっており、譬《たと》えていうなら、身は菩提樹であり、心は明鏡の台である。だから、常に修行に励んで磨きに磨き、塵や埃を着けてはならない)

人々はこれを読んで「さすが神秀だ。見事なものだ。師の袈裟を戴くのは神秀に違いない」と褒《ほ》めそやしました。

ところが、次の朝、その偈の隣に、

「菩提もと樹に非ず、明鏡また台に非ず。本来無一物《ほんらいむいちもつ》。何の処にか塵埃《じんあい》を惹《つ》けん」

(**大意**↓人間の身に菩提樹や明鏡の台などというものはあるはずがない。人間は本来無一物なのだ。だから、一体どこに塵埃が着くというのだ)

と、記してありました。人知れず米つきに精を出していた、慧能禅師が記したものでした。

これをご覧になった弘忍禅師は、慧能禅師を密《ひそ》かにお呼びになり、

「本来無一物《ほんらいむいちもつ》こそ仏の悟りである。だから正法は汝に継《つ》がせよう。正伝の袈裟を与えるから、直ちに此処を立ち去るがよい。何故なら、他の者たちは汝の偈の真意を理解できず、神秀の偈を贔屓《ひいき》し、汝の生命を奪ってまでも袈裟を取り返そうとするに違いない。さあ、早く立ち去れ」

と、おっしゃって、ご自分で竿《さお》を取って舟を操《あやつ》り、対岸まで慧能禅師をお送りになりました。

弘忍禅師の予想通り、衆僧たちは慧能禅師を捕まえて袈裟を取り返そうと追いかけましたが、禅師を見つけることはできませんでした。慧能禅師は、ほとぼりがさめるまで、十年の間、潜み隠れていらっしゃいましたが、後、各地の名刹で多くの弟子をお育てになりました。

仏祖《ぶっそ》若《も》し単伝《たんでん》せずば……

修証義を読み進めます。

今《いま》の見仏聞法《けんぶつもんぽう》は、仏祖面面《ぶっそめんめん》の行持《ぎょうじ》より来れる慈恩《じおん》なり。仏祖若し単伝《たんでん》せずば、奈何《いか》にしてか今日に至らん。

（**現代語→**現在、私たちが仏を拝み、仏法を聞くことができるのは、釈尊に始まって、代々の祖師方お一人お一人がきちんと正法を修行され、伝えられてきたお蔭である。

もし、祖師方が単伝なさらなかったならば、どのようにして今日まで正法が伝わってきたであろうか、決して伝えられなかったであろう……）

この中で「単伝《たんでん》」というのは、「純粋に相伝すること」という意味です。つまり、多人数に同時に伝えるということではなく、師と弟子が一対一で、面と向かって伝えるという姿です。従って、師は弟子の力量をしっかりと見極め、これならばと納得した上で、正法を伝えることになります。先に述べた『伝光録《でんこうろく》』の「達磨大師《だるまだいし》と慧可禅師《えかぜんじ》」「弘忍禅師《こうにんぜんじ》と慧能禅師《えのうぜんじ》」が、そのありのままを見せて下さいます。そして、これは慧可禅師や慧能禅師だけではなく、すべての祖師方の行ってこられた道でもあるのです。釈尊がお生まれになって、今年（平成十二年）は、二千五百六十六年目に当たりますが、その長い間に、一人でも断絶があったならば、正法は決して伝わらなかったはずです。

それも、修行さえ積めばいいというものではなく、慧可禅師のように自分の腕を切り落として入門の志を遂げ、また、慧能禅師のように他の妬《ねた》みの刃《やいば》を避け、命懸けで十年も隠れ潜むなど、正法を単伝し、それを守り抜くことは、時として生命を賭《か》けてのことでもあったわけです。

この祖師方のご足跡をたどるとき、筆舌に尽くせぬ尊い歴史として、自ずから手を合わせてしまいます。

修証義は、その心情を、

一句の恩尚《な》お報謝すべし、一法の恩尚《な》お報謝すべし、況《いわ》んや正法眼蔵無上大法《しょうぼうげんぞうむじょうだいほう》の大恩《だいおん》これを報謝せざらんや。

と述べます。

この一節は、正法を単伝して下さった祖師方の慈恩に心の底から手を合わせる気持ちで読めば、解釈など無用の一節だと心得ます。

病雀《びょうじゃく》尚お恩を忘れず……

中国の後漢時代に、楊宝《ようほう》という人がいました。九歳の頃、鳶《とび》に襲われて地に落ち、傷つき苦しんでいた雀《すずめ》を助けてやりました。雀は楊宝にとてもなついて、楊宝の家を住処として十数年を過ごしました。

雀の寿命が尽きて死んだ夜、楊宝のもとへ黄色の童子が訪れ、白玉《はくぎょく》の環《かん》を差し出し、

「私は、貴方《あなた》に助けていただいた雀の生まれ変わりです。貴方にいただいたご親切に深く感謝しております。お礼に、この白玉の環を差し上げます。貴方をはじめ、貴方の子孫の方々は、この環のように清廉潔白《せいれんけっぱく》なお人柄に違いありません。だから、代々、三公（日本の太政大臣・左大臣・右大臣に当たる）の位に出世なさるでありましょう」

と言い、立ち去りました。

その予言通り、楊宝の子も、孫も、曾孫も、玄孫も、すべて三公の位に上り、人々から深く尊敬されたということです。

窮亀《きゅうき》尚《な》お恩を忘れず……

中国の西晋時代に、孔愉《こうゆ》という人がいました。若い頃、余不亭《よふてい》という所を通ったとき、子供たちが亀をいじめているのを見て哀れに思い、買い取って水の中へ放してやりました。亀は何度も浮かび、あたかも孔愉にお礼を告げるように首を左に曲げ、水の底へ消えてゆきました。後、幸運に恵まれて、孔愉は余不亭の長官に出世し、その長官印を鋳造《ちゅうぞう》させました。ところが、印のつまみの亀が何度鋳造し直しても、左に傾いてしまい、困りはてた印工は孔愉に自分の未熟を謝罪しました。それを聞いた孔愉は、「私が長官にまで出世したのは、若い頃に助けてやった亀のお蔭であろう、この印のつまみの亀は助けてやった亀に違いない」と言って、左に傾いたままの長官印を使ったということです。

人類争か恩を知らざらん……

この二つの物語は、『蒙求《もうぎゅう》』という書物に出ている話です。『蒙求』は、中国・唐時代に編纂された児童・初学者用の教科書です。児童・初学者用とはいえ、中国の古典を調べるのに、とても便利な書物であり、我が国でも古くから流布されていました。
修証義は、この二つの物語を、

病雀《びょうじゃく》尚《な》お恩を忘れず、三府《さんぶ》の環《かん》、能《よ》く報謝あり。窮亀《きゅうき》尚《な》お恩を忘れず、余不《よふ》の印《いん》、能く報謝あり。

と、述べ、

畜類《ちくるい》尚《な》お恩を報ず、人類争《いかで》か恩を知らざらん。

と、締めくくっています。

このような「恩返しの話」は、日本でも「浦島太郎」や「鶴の恩返し」などにも見られ、一見、古臭いお伽《とぎ》ばなしのように扱われがちです。また、現代は「恩返し」などという人間としての大切な心を、古い道徳観として切り捨て、「恩返し」という言葉も消えかかっているように思われます。このようになったのは、戦後の間違った教育方針が、「個人の権利」だけを主張し、「感謝」することを知らない日本人を育ててきたせいだと思います。

このまま放置しておくと、やがて、「恩返し」はおろか、「ありがとう」「おかげさまで」「すみません」などという美しくて大切な日本語も死語になってしまうかも知れません。もし、そうなったならば、私たちの日本は内側から破滅してしまうに違いありません。

そんな悲劇を見ないためにも、修証義のこの一節をしみじみと思い、「恩」「恩返し」「感謝」

が生き生きと復活するように祈りたいものです。

報謝《ほうしゃ》の正道《しょうどう》……（第五章行持報恩・その四）

一日作《な》さざれば、一日食《く》らわず……

中国の唐時代、百丈懐海《ひゃくじょうえかい》禅師という高僧がいらっしゃいました。この方は、禅の修行の基本となる規則を制定された方でした。その規則を『百丈清規《しんぎ》』と称します。

何ゆえにそのような規則を制定されたかといいますと、釈尊がお説きになられたそのままの修行方法は、インド・スリランカ・タイ・カンボジア・ミャンマーなどでは受け入れられたものの、中国では気候・風俗・習慣の違いから、かならずしも合致するものではなかったからです。

たとえば、釈尊時代の修行法を今に伝えているスリランカ・タイなどの国の仏教（南伝仏教といいます）では、僧が労働、特に農作業などの生産労働を行うことを禁止しているのに対して、中国の仏教（北伝仏教といいます）では、労働（作務《さむ》といいます）を修行の一環として重要視しています。

この根本的ともいうべき相違点は、生産労働は所得を産み、所得は欲望を誘発するから避けるべきである、とする南伝仏教の考え方に対して、北伝仏教は労働を含むあらゆる行いの中にも悟りへの機縁が潜んでいる、と考えるところから生じたものです。

その他、インドと中国の風俗・習慣等によるさまざまな相違点を整理し、大局的な立場で現実に合致した中国に相応《ふさわ》しい修行の基本規則『百丈清規』を制定されたのです。

この『百丈清規』の中に、「普請《ふしん》」という考え方が登場します。現代の「普請」は、一般に、建築や土木の工事を指しますが、もともとは「普《あま》ねく協力を請《こ》うこと」であり、具体的には、修行僧が全員参加で農作業や土木工事、あるいは伽藍《がらん》の修繕などの労働（作務）に励むことでした。

さて、この百丈懐海禅師が高齢に達せられた頃のことです。ある日、年老いて身体的に衰えられた禅師をいたわる気持ちから、弟子が禅師の農作業用の道具を隠し、ゆっくりと体を休めていただきたいと願い出ました。禅師は黙って部屋にお入りになり、その日の農作業はお休みになりました。

ところが、食事時になり、禅師のもとへ食事を運びましたが、禅師は一口も召し上がりません。驚いた弟子がそのわけを尋ねますと、禅師は、

「一日作《な》さざれば、一日食《く》らわず」

と、お答えになりました。

この言葉は、一見、「働かざる者は食うべからず」あるいは「食うためには働かねばならない」などという考え方に似ているようにみえますが、実は全く異なった立場からの言葉でした。つまり、「働かざる者は……」「食うためには……」という考え方は、いわゆる経済感覚、若しくは勤労理念を基礎に置いていますが、百丈禅師の「一日作さざれば……」は、あくまでも「普《ふ》請《しん》」という修行の大切さから発せられた言葉であったのです。

前に述べたように、「普請」とは「みんなで作務（労働）という修行に励む」ことを意味しますから、その修行を怠る者は、修行道場の食事を摂るに値しない、という厳しさが含まれていることにもなるわけです。そして、これこそが、百丈禅師の、「一日不作、一日不食」の意味なのです。

報謝の正道……

修証義は、窮亀・病雀の故事を示して、「畜類尚《な》お恩を報ず、人類争《いかで》か恩を知らざらん」と報恩・感謝の大切さを説き、続けて、

其《その》報謝は余外《よげ》の法は中《あた》るべからず、唯当《まさ》に日日の行持、其報謝の正道なるべし。謂《いわ》ゆるの道

理は、日日の生命を等閑《なおざり》にせず、私《わたくし》に費《ついや》さざらんと行持するなり。

と示します。

大意を述べれば、

「釈尊のお説きになった『真実の幸福《しあわせ》を得る法』は、歴代の祖師たちの命懸けの修行によって連綿《れんめん》と伝えられてきたものである。そして、今、私たちはその法によって、真実の幸福《しあわせ》を目指しているのである。

この釈尊と歴代の祖師方に対する報恩・感謝は、他のどのような方法で行っても的中するものではない。ただ一つの正しい報恩・感謝のありようとは、日々怠ることなく仏の示された修行を持続することである。それが報恩・感謝の正道にほかならない。

その道理、そして、実際のありようとは、日々の生命・生活をいいかげんにせず、手抜きせず、また、自分中心の欲望に振り回されて、自分勝手に日々を過ごすような愚かな生き方はしないで、仏の示された大道を、怠ることなく歩み続けることである」

ということになります。

この、「等閑《なおざり》にせず」「私《わたくし》に費《ついや》さざらん」という心構えは、百丈禅師の「一日作さざれば、一日食らわず」という信念に通ずるものがあるように思います。百丈禅師は、普請の理念を大切にして、自分勝手な行いを拒否されています。また、毎日の作務（労働）に励み、決して怠ることがありませんでした。まさに「報謝の正道」を歩み続けられた方であったと思います。

平常心是道……

この「日日の行持」そして「報謝の正道」を、生活の中に具体的に生かしていく一つのありようとして、「平常心是道《びょうじょうしんこれどう》」という言葉を考えてみたいと思います。

この言葉は、中国・唐時代の高僧、馬祖道一《ばそどういつ》禅師の語です。文字だけを解釈すれば「平常の心が悟りの道である」となり、極めて安易な生き方を連想してしまいます。安易どころか、放《ほう》逸《いつ》で自由気ままな生き方さえも連想してしまいます。

しかし、この言葉の真意は、そのような自由気ままな生活を示唆するものではなく、純一無雑（まじりけのないこと・広辞苑）な生き方を示した言葉なのです。

馬祖道一禅師は、「平常心《へいじょうしん》」の反対語として「汚染心《おせんしん》」という語を教えてくれます。汚染心とは、人間のさかしらな知恵による迷いの心であり、打算によって分別する欲望をいいます。つまり、儲《もう》かるからする、儲からないからしない、とする心の動きが「汚染心」なのです。この汚染心から離れ、ただ無心になりきって、ありのままをありのままに見る心が「平常心」なのです。

總持寺のご開山・瑩山紹瑾《けいざんじょうきん》禅師は「平常心」を、次のような語で説きあかして下さいます。

「茶《さ》に逢《お》うては茶《さ》を喫《きっ》し、飯《はん》に逢《お》うては飯《はん》を喫《きっ》す」

文字だけを解釈すれば、「お茶が出てきたら、お茶を飲み、ご飯が出てきたらご飯を食べる」という他愛のない言葉のように見えますが、もう一歩突っ込んで、「お茶が出てきたら、お茶を飲むことだけに専念し、ご飯が出てきたら、ご飯を食べることだけに専念する」と解釈した場合、ドキッとするのはわたし一人だけではないと思います。ご飯を食べながらテレビを見て、お茶を飲みながら新聞を読んでいるのが普通一般の生活態度だと思います。つまり、「専念」から遠く隔たった心のありようです。

情報過多で忙しい時代だ、そんな些細《ささい》なことに目くじらをたてなくても……と、お考えかも知れませんが、これを生活全般に当てはめて考えた場合、またまたドキッとしてしまいます。

例えば、会社で会議中に昨日のゴルフを思い出したり、ゴルフをしながら明日の会議の事を考えたり、お店で客と応対をしながら夕食の献立《こんだて》を思案したり、夕食を作りながらテレビに見とれたり、親の介護をしながら旅行のプランを練ってみたり、受験勉強をやりながらマンガ本のページをめくってみたり……など、いろいろ思い当たる節があるはずです。

こんな生き方は、一見、多能多才のように見えても、結局は一つの事に徹することのできない、いわゆる「いい加減な生き方」に終わってしまいます。かけがえのない人生を、そして、この短い一生を、いい加減な生き方で過ごしてしまっては、余りにも「もったいない」ことです。
「平常心是道《びょうじょうしんこれどう》」とは、この「もったいなさ」に気づくことであり、「日日の行持」も「報謝の正道」も、ここから始まるべきものと心得ます。

粥《かゆ》の心を悟る……

「日日の行持」「平常心是道」の大切さを、更に深めていただくために、大智祖継《だいちそけい》禅師がお書きになられた『十二時法語《じゅうにじほうご》』の一節をお読みいただきたいと思います。

大智禅師は、永平寺第三代寒巌義尹《かんがんぎいん》禅師、總持寺ご開山瑩山紹瑾《けいざんじょうきん》禅師、瑩山禅師の高弟・明峰素哲《めいほうそてつ》禅師の薫陶《くんとう》を受け、道元禅師お手縫いの袈裟を拝領して永平寺第六代の座に就かれ、また、金沢の祇陀寺《ぎだじ》をはじめ、広福寺・聖護寺・本覚寺などの名刹をお開きになった名僧です。

『十二時法語』は、曹洞禅に帰依して入道した肥後守菊地武時《ひごのかみきくちたけとき》（南北朝時代、南朝側の武将）に書き与えられた禅修行の手引書です。洗面・坐禅・読経・食事・作務・入浴・睡眠などの、禅寺の一日の行事と心得を平易に示してあります。

その中の一節です。先に原文を記し、後に現代文に直して記します。

粥《かゆ》の時は、身もこころも、ただ粥の用心にて、坐禅も余のつとめも、心にかけられまじく候。

是は粥の時節《じせつ》をあきらめ、粥のこころをさとると申し候なり。此の時、仏祖のこころ、のこるところなくさとることにて候。

諷経《ふぎん》の用心と申すは、坐禅の事も粥の事も少しも心にかけず、ただ手に経を持ち読みて、外の用心さぶらはず。是を諷経《ふぎん》をさとりあきらむると申すにて候。この時、生死の業つきて、仏祖の位にのぼる時節なり。

《現代語》朝のお粥をいただくときには、身も心もただお粥をいただくことだけに集中し、坐禅や他の勤めなどのことに心をかけないことです。これが、お粥をいただくという時節がいかなる時であるかを、はっきりと見極め、お粥をいただくことの本質を心底納得《しんそこなっとく》するということなのです。このことが実現したとき、仏や祖師たちの心を、余すところなく会得《えとく》できるのです。

経を読む心がけというのは、坐禅の事も粥の事も忘れ果てて、ただ手に経本を持って読むことであり、それ以外には何一つ心がけるべきことはありません。これが諷経（声を出してお経を読むこと）を悟り見極めるということです。このときこそ、生死《しょうじ》（迷い）の業《ごう》（しがらみ）が消え去って、仏や祖師たちと同じ心境に入ることができるのです。

その他、『十二時法語』は、一日の流れに沿って、その時、その時の用心を述べてありますが、すべて、その時に為すべきことだけに心を集中させ、他のことに心を奪われぬよう諭してあります。「日日の行持」の生きた姿です。

光陰は矢よりも……（第五章行持報恩・その五）

娘の手紙……

わたしが五十九歳のときのことです。ふと思うことがあって、東京に住む娘に手紙を書きました。

「父は来年六十歳を迎える。あと二十年ほどは生きられると思う。八十歳まで生きるとして、お前との付き合いは半世紀五十年間だ。（そのとき娘は三十歳でした）しかし、敦子《あつこ》（生まれて間もない孫）との付き合いは二十年しかできない。俗に、子よりも孫が可愛いというが、そんな付き合いの長さの差から感じられることだろうか……」

と書き送ったのです。深い意味があったから書いたのではなく、ただ漠然《ばくぜん》とそんな計算をして、面白いなと思ったから書いてみただけのことでした。

するど、早速、娘から返事がきました。

「お父さん『あと二十年だ』などと不吉《ふきつ》なことを書かないで下さい。

でも、静かに考えてみると、本当なんですね。娘として、お父さんに百歳も二百歳も生きていてほしいと願いますが、それは叶《かな》えられない事で、平均寿命とやらで考えると、お父さんのおっしゃる通りですね。そう思うと、急に寂しくなって、悲しくなって、涙をこぼしてしまいました。

でも、お蔭で目が醒《さ》めました。今まで、いろんな方から一期一会《いちごいちえ》だとか、光陰《こういん》矢の如しだとか、今日の日は再び返らないだとか教わってきましたが、なるほどと思うもののすぐに忘れてきました。しかし、今、大好きなお父さんから『あと二十年しか生きないよ』と言われて、それが本当だなと思ったとき、今日の日のかけがえのなさ、今日の日の尊さが身にしみてよく解りました。

今、私は東京で、お父さんは金沢で、離れ離れではあるけれども、二人とも元気に生きて、元気に働いている、しかし、こんな日はあと二十年しか続かないのだ、と思ったとき、今日という日がこんなにも有り難くて、素晴らしい日なんだと、心の底から思えるようになりました。

これからは、一日一日を精一杯大切にして生きてゆきます。お父さんとの付き合いも、精一杯大切にさせていただきます。よろしくね、お父さん……」

という手紙でした。

読み終わったわたしの目は、涙でいっぱいになっていました。わたしは東京の空に向かって手を合わせ、

「ありがとう……」

と言いました。

娘の手紙は、仏教の考え方そのものだと思います。

娘は先ず「不吉なことを書くな」と申しました。残りの人生の長さを数えるようなことは不吉なことであり、一般にいう縁起《えんぎ》の悪いことです。多くの人々は、そこから目をそむけて近寄らないようにします。

それを、敢えて突破してみると、今度は現実の寂しさ・悲しさが見えてきます。娘の手紙の「涙をこぼしてしまいました」が、その寂しさ・悲しさです。

この「不吉なこと」という峠《とうげ》と、「現実の寂しさ・悲しさ」という峠を我慢してのり越えたとき、そこに見えてくるのは、今日の日の「かけがえのなさ」であり、「素晴らしさ」なのです。娘の手紙は、それを、「今日の日の尊さがよく解った」と伝えてくれました。

一般に、仏教は暗くて寂しくて陰気な教えだと誤解され、敬遠されがちです。それは、この二つの峠の手前で立ち止まってしまうからだと思います。現実としっかり向き合うことが怖くて逃げ出してしまっているのです。これでは、いつまでたっても、真実の幸福《しあわせ》は手に入りません。

弘法大師（空海）は、名著『般若心経秘鍵《ひけん》』の中で、次のように教えられます、

「それ、仏法は遥《はる》かなるところに非ず。心中にして即ち近し。真如《しんにょ》は外に非ず。身を棄《す》てていずくにか求めん」

この中の「身を棄てて」とは、言い換えれば「現実を放棄して」ということです。現実に目をつぶり、現実から逃れ、現実を忘れたところに「真如《しんにょ》（悟り・救い）」はないと断言されるのです。心して耳を傾けるべきお言葉です。

光陰は矢よりも迅かなり……

さて、修証義は、「毎日のきちんとした生活態度が、仏祖に対する報恩・感謝の正道である」と示した上で、

光陰は矢よりも迅《すみや》かなり、身命《しんめい》は露よりも脆《もろ》し。何《いず》れの善巧方便《ぜんぎょうほうべん》ありてか過ぎにし一日を復《ま》び還《かえ》し得たる。

と、仏教の根本思想の一つ「諸行無常《しょぎょうむじょう》」を、真正面からぶっつけてきます。意味は「時の過ぎることは矢よりも速い。また、生命は露よりも脆《もろ》く、何時果てるか分からない。どんなに良い方法（善巧方便）をめぐらしても、過ぎ去った一日を再び元に返すことはできない」ということです。

このことは、改めて言われなくても、誰でもよく知っていることです。そして、知ってはいるけれども、何となく他人事のように考えて、自分は例外だと思いたくなるようなことです。そして、娘の手紙にもあったように、「いろんな人から聞いて、その時はなるほどと思うものの、すぐに忘れてしまう」ことでもあります。

そんなことでは、つい「明日という日にやればいい」と思い、「今日《こんにち》、ただ今」をおろそかにし、無駄な時間だけを積み重ねてしまいます。これでは、報恩・感謝はおろか真実の幸福《しあわせ》を求めることさえ遠のいてしまいます。そして、あっという間に短い人生の終わりを迎え、何一つ得ることのできなかった空虚な一生に愕然《がくぜん》とし、うろたえ騒ぎますが、もはや手遅れです。

修証義は、そのことを、

徒《いたず》らに百歳生けらんは恨《うら》むべき日月《じつげつ》なり、悲しむべき形骸《けいがい》なり。

と嘆きます。大意を述べれば、

「真実の幸福《しあわせ》を求めようともせず、仏の声に耳を傾けようともしないで、百歳まで生きたとしても、まことに残念な日月としかいいようがない。また、百歳まで生きたとしても、情けない形骸（肉体）としかいいようがない」

ということです。

くれるのです。

尊《たっと》ぶべき身命……

しかし、決してあきらめることはありません。修証義は次のように元気づけ、勇気を与えてくれるのです。

設《たと》い百歳の日月は声色《しょうしき》の奴婢《ぬひ》と馳走《ちそう》すとも、其中《そのなか》一日の行持を行取せば、一生の百歳を行取《ぎょうしゅ》するのみに非ず、百歳の佗生《たしょう》をも度取すべきなり。此一日の身命は尊《たっと》ぶべき身命なり、貴《たっと》ぶべき形骸なり。此行持あらん身心自からも愛すべし、自からも敬うべし。

《**大意**→たとえ百年の歳月を、欲望の命ずるままに齷齪《あくせく》と過ごしてしまったとしても、その中のたった一日でも「仏さまの示される正しい生き方」が実践できたならば、百年間の無駄を取り返すだけではなく、生まれかわる次の世の百年間さえも救われるのである。だから、この一日の身命は、尊んで大切にしなければならない身命なのだ。貴《たっと》んで大切にしなければならない形骸（肉体）なのだ。その気にさえなるならば、「仏さまの示される正しい生き方」を容易に実践できるこの身心を自ら大切にしなければならない。また、自ら自分自身を敬わなければならない》

ここは、しみじみと読み、しみじみと味わうべき一節だと思います。

百年という長い歳月を欲望のままに過ごしたとしても、その中の一日を「仏さまの示される正しい生き方」の通りに生活したならば、今生《こんじょう》はもちろんのこと、来世《らいせ》の百年も救われると示されるのです。

『法華経・方便品《ほうべんぼん》』に、

「壁に仏たちの像を描いて、一本の華《はな》を供えても、取り乱した心で供養しても、かれらは順次に幾千万の仏を見るであろう。塔に合掌するだけでも、それが完全な形であれ、ほんのちょっと片手を挙げただけにせよ、また、ほんの一瞬頭を下げただけでも、また、ただ一度身体を屈《かが》めただけでも、仏の遺骨の安置された場所で、そのとき『仏を礼拝し奉る』と一言いえば、取り乱した心で一言いっても、かれらはすべて、最勝《さいしょう》の『悟り』を得ることができよう」(岩波文庫『法華経』より)

とありますが、「其中一日を行取せば……」という一節に通い合うものを感じます。

更に、修証義は、その「一日」に出会うことのできる自分自身を愛しなさい、敬いなさい、と語りかけてくれます。この暖かさと有り難さには、表現し難い感動を覚えます。「自分を大切にしなさい」とは、よく聞く言葉です。しかし、「自分を愛し、自分を敬いなさい」とまで人間の大切さを説いてくれるのは、修証義の外にはないと思います。この喜びに、改めて手を合わせるのです。

諸仏の種子《しゅし》なり……

次に修証義は、

我等が行持に依りて諸仏の行持見成《けんじょう》し、諸仏の大道通達《つうだつ》するなり。然《しか》あれば即ち一日の行持是れ諸仏の種子《しゅし》なり、諸仏の行持なり。

と、「一日の行持」の重要な意味を示します。大意を述べれば、次のようになります。

《**大意**→我々が「仏さまの示される正しい生き方」に従って、怠りなく毎日を過ごすならば、その生活の真っ只中に、もろもろの仏さまたちの修行が現れ、もろもろの仏さまたちの大いなる道が、現実のものとしてあまねくゆきわたるのである。以上の通りであるから、「一日の行持」とはもろもろの仏さまに出会う種子であり、もろもろの仏さまたちの修行そのものでもあるのだ》

この一節と同じ趣旨のことを別の角度から、太祖・瑩山紹瑾《けいざんじょうきん》禅師さまは『伝光録《でんこうろく》』の第一章で、次のように示されます。（現代語に直しておきます）

「人々の精進と不精進によって、もろもろの仏は出現されたり、お隠れになったりされる。今《こん》日《にち》、ただ今、懸命に修行して怠るところがなかったならば、釈尊は直ちに汝等《なんじら》の前に出現される。（中略）修行に励んで、速《すみ》やかに慈父とも仰ぐ釈尊に見《まみ》えなさい。釈尊は、実は、汝等と共に行住坐臥《ぎょうじゅうざが》し、汝等と共に語り合って、一時も汝等と相離れることはないのだ」

このお言葉は、法華経の中心である『如来寿量品《じゅりょうほん》第十六』そのままの思想であることに気づきます。（子細は、拙著『法華経を拝む・下巻』をお読み下さい）

ということは、修証義の原典である『正法眼蔵』をお書きになられた高祖・道元禅師さまも、曹洞宗を日本中に広められた太祖・瑩山禅師さまも、共に『法華経』を信仰の根底にどっしりと据《す》えておられたということの、何よりの証《あか》しだと思います。有り難いことです。

即心是佛《そくしんぜぶつ》……（第五章行持報恩・その六）

もろもろの仏（諸仏《しょぶつ》）……

この『修証義を読む』も、いよいよ最終回を迎えました。

最終回は「もろもろの仏・諸仏」から書き始めます。前節にも、この「もろもろの仏・諸仏」

が、繰り返し登場しましたが、この複数形の「仏」をしっかり理解しておかないと、修証義の締《し》めくくりがよく解りません。

「仏」とは、古代インド語の「ブッダ」を語源とします。漢字に当てはめると「仏陀」です。このブッダ・仏陀は、翻訳すると「目覚めたる人・覚者」となり、更に分かり易くいえば「悟れる人」または「完成された理想的人格者」「真実《まこと》の幸福《しあわせ》に目覚めた人」となります。そして、歴史上の人物としてのブッダは、今年（平成十二年）から遡《さかのぼ》って、二千五百六十六年前にお生まれになられた釈尊（お釈迦さま）ただお一人です。

ところが、釈尊は「私は、前世そのまた前世の何億年も過去の昔から、華光仏《けこうぶつ》をはじめ、中尊仏《ちゅうそんぶつ》・獅子歩仏《ししほぶつ》・毘婆尸仏《びばしぶつ》・尸棄仏《しきぶつ》・毘舎浮仏《びしゃふぶつ》など、無数の仏さまたちを師とし、修行に励んできた」と、仰せになるのです。

更に、釈尊は「現在、兜率天《とそつてん》にいる慈氏菩薩《じしぼさつ》が、五十六億七千万年後に、この娑婆世界に出現して弥勒仏《みろくぶつ》となり、人々を全て救うであろう」とも、仰せになるのです。

また、釈尊の教えの真髄を、具体的に表した仏として、大宇宙そのものとしての大日如来《だいにちにょらい》・一人残らず極楽浄土へ迎え入れて下さる阿弥陀如来《あみだにょらい》・私たちを病気や災いから守って下さる薬師如来《やくしにょらい》などをあげることができます。

このように、仏さまは無限の過去から永遠の未来へと続く時の流れの中に、また、大宇宙を全て包含《ほうがん》する空間の中に、無数に存在して仏法を説き続けていらっしゃるのです。『梵網経《ぼんもうきょう》』は、人知を遥かに超えた、この壮大な仏教宇宙世界を、次のように示します。

「盧舎那《るしゃな》仏の坐る蓮華台《れんげだい》をとりまいて一千の華《はな》が咲き、その華の一つ一つには、それぞれ百億の国があり、その一国一国には、それぞれ釈迦牟尼仏《しゃかむにぶつ》がいて、一斉に悟りをひらいた……」

あっと驚くような世界の姿です。この、想像を絶する無数の仏を「もろもろの仏・諸仏」と総称するのです。

ニュートンの法則……

ところが、修証義は、

謂《いわ》ゆる諸仏とは釈迦牟尼仏なり。

と、ズバリ明言します。過去・現在・未来という時の流れの中に、そして、大宇宙の隅々にまで充満する無数の仏のことを「すべて釈迦牟尼仏である」と宣言するのです。

このことを理解していただくために、松原泰道《まつばらたいどう》先生がお書きになった『法華経・生きるための二十八章（水書坊）』の一節を読んでいただきます。（同書・一三二頁）

「万有引力は、十七世紀にイギリスの物理学者ニュートンが発見する以前から実在しています。存在しながらだれにもわからなかったのです。（中略）

釈尊がニュートンと異なるのは、科学的真理の発見でなく、宇宙と人生とに通ずる真実（法）をさとった点にあります。発見もさとりも、それまではだれにも知られなかった事実を、はじめて見出す意味では同じです。ただ発見は、主として自分より外側に見出すことですが、さとりは、自分の内側に会得して、人生の真実をうなずきとるところに差異を見ます」

この引用させていただいた一節の中で、特に目をとめていただきたいのは、前半の「万有引力はニュートンが発見する以前から実在している」という部分です。

これを、釈尊と、釈尊のお悟りと、釈尊がお説きになられた法に当てはめてみます。

たとえば、釈尊がしばしばお説きになられたという「三法印」を考えてみます。

「三法印《さんぽういん》」とは、

①**諸行無常《しょぎょうむじょう》**→すべては一瞬のとどまることなく流れ続けている

②**諸法無我《しょほうむが》**→この世には『私のもの』などは一切存在しない

③**涅槃寂静《ねはんじゃくじょう》**→すべての欲望、すべての煩悩を消しさったときこそ、ほんとうの安らぎのときである

の三つの教えです。これは、「法印《ほういん》（仏法であることを証明する印）」と称せられるように、仏教の根本原則です。

ところで、釈尊がお悟りを開かれた後に、諸行は無常になったのかといえば、そうではあり

ません。釈尊のお生まれになるよりもずっと以前の何百億年も前から、諸行は無常であったはずです。諸法は無我であることも同じです。涅槃寂静もまた同じです。ただ、だれ一人として気が付かなかっただけのことです。いわば、ニュートンが生まれる以前からリンゴは落ちていて、万有引力は存在していたということと同じことなのです。

だれ一人として気が付かなかったことを、釈尊は長く苦しい修行のすえ発見し、しっかりと見極められ、真実の幸福《しあわせ》を得るための道しるべとして示されたのです。

ということは、仏教の根本理念は何百億年も前から存在し、また、何百億年後までも存在し続ける、いわば大宇宙の根本法則であり、大宇宙の真理でもあるということです。そして、その根本法則を見極められた人をブッダ・仏と称し、歴史上の人物としての釈尊以外にも、形而《けいじ》上《じょう》の存在として無数にいらっしゃると考えるのです。これが、「もろもろの仏・諸仏」なのです。

しかし、いかに無数の「もろもろの仏・諸仏」がいらっしゃるとしても、釈尊がその根本法則を発見されなかったならば、「もろもろの仏・諸仏」の存在は、だれにも分からないはずです。いわば、釈尊がこの世に出現されたことによって、はじめて、「もろもろの仏・諸仏」も出現されたということです。

また、大宇宙の根本法則に従い、真理を尊ぶことによって、真実の幸福《しあわせ》へ近づくことができるわけですから、大宇宙の根本法則・真理そのものを「もろもろの仏・諸仏」として信仰する気持ちも芽生えてきます。そして、これまた、釈尊の出現によって、はじめて明らかにされた法則・真理ですから、「もろもろの仏・諸仏、即ち、釈尊」という思いも生じてきます。

修証義はこのことを、端的に、

謂《いわ》ゆる諸仏とは釈迦牟尼仏なり

と示すのです。

即心是仏《そくしんぜぶつ》……

続けて、修証義は、

釈迦牟尼仏是れ即心是仏なり。過去現在未来の諸仏、共に仏と成《な》る時は必ず釈迦牟尼仏と成《な》るなり。是れ即心是仏なり。

と、仏法の真髄を展開します。

この中の「即心是仏《そくしんぜぶつ》」というのは、『華厳経《けごんきょう》』から出た思想で、馬祖道一《ばそどういつ》禅師や石頭希遷《せきとうきせん》禅師によって提唱された禅の極意の一つであり、

「心は凡夫ともなれば仏ともなるが、心の体は仏と異なるものではなく、この心がそのまま仏である（禅学大辞典）」「外ならぬあなたの心がそのまま仏である（駒大教授・石井修道氏）」

という意味です。

となると、「この心がそのまま仏である」というならば、何も厳しい修行に励まなくてもいいのではないか、心の赴《おもむ》くままに好き勝手をしていても、その心が仏というならば、こんなうまい話はない、と考えがちですが、決してそんな野放図《のほうず》で安易なものではないのです。

道元禅師さまは『正法眼蔵・即心是仏の巻』で、次のように語りかけられます。増谷文雄先生の現代語訳で紹介します。

「即心是仏とは、発心《ほっしん》・修行《しゅぎょう》・正覚《しょうがく》・涅槃《ねはん》の諸仏にほかならない。いまだ発心・修行・正覚・涅槃せざるには、即心是仏ではない。たとい一瞬《いっしゅん》といえども発心・修行すれば、それが即心是仏である。たとい一微塵《いちみじん》のなかに発心・修行しても、それが即心是仏である。たとい無量の年月にわたって発心・修行しても、それが即心是仏である。たといただ一度でも発心・修行すれば、それも即心是仏である。あるいは、たとい片手ほどでも発心・修行すれば、それも即心是仏である」（現代語訳・正法眼蔵第一巻・七十一頁）

発心とは、仏法によって真実の幸福《しあわせ》を得たいという心を発することです。修行とは、その心（発心）を忘れることなく、仏の教えの道に励むことです。曹洞宗には「一寸《いっすん》坐れば一寸の仏」という言葉がありますが、「発心・修行の心で坐禅すれば、坐っただけで、そのままに仏である」ことを示した言葉です。文中の「たとい一瞬といえども」「たとい一微塵のなかに」と同じ意味です。

また、「修証《しゅしょう》これ一等《いっとう》なり（正法眼蔵・辨道話《べんどうわ》）」という語があります。「修《しゅ》」は発心・修行、「証《しょう》」は悟り・仏であり、この二つは一等（一つのもの）であると教えられるのです。この語こそ、今まで読んできた『修証義』の題名の元になった語であり、即心是仏の真意を暗示する重要な語でもあるのです。

さて、前にも述べましたように、釈尊のお悟り、釈尊の教えとは、大宇宙の法則・大宇宙の真理そのものということができ、発心・修行はその法則・真理を体得するはたらきであるともいえます。過去・現在・未来のもろもろの仏も、大宇宙の隅々にまで遍在する仏も、すべてこの発心・修行を経て仏になられたわけです。別の言い方をすれば、もろもろの仏・諸仏は、釈尊・釈迦牟尼仏と共に仏になられたといえます。これが「過去現在未来の諸仏、共に仏と成る時は必ず釈迦牟尼仏と成るなり。是れ即心是仏なり」ということです。

仏恩を報ずる……

修証義の最後の一節です。

即心是仏というは誰というぞと審細《しんさい》に参究《さんきゅう》すべし。正《まさ》に仏恩を報ずるにてあらん。

現代語に直してみます。

「即心是仏というのは一体誰のことなのかと、審細（こと細かに・綿密に）に参究しなさい。その参究することこそが、大いなる仏の恩に報いることなのだ」

参究《さんきゅう》というのは、禅の用語で、「そのものの中にとびこんで、そのものを究め尽くすこと・参《さん》入《にゅう》・究尽《ぐうじん》」をいいます。大切なのは「とびこむ」ことであり、「実践すること」です。とびこまないで、実践もしないで、周囲をうろつきながら理屈をこね回していても、決して即心是仏の真意は解らないし、また、「真実の幸福《しあわせ》」を自分のものとすることもできないのです。

補遺・修証義の歌

日曜学校……

昭和二十一年の春、わたしは生涯の畏友《いゆう》にめぐり会いました。彼の名を、江川辰三《えがわしんざん》老師（現在・瀬戸市宝泉寺《ほうせんじ》住職）といいます。

当時、彼もわたしも駒沢大学の予科に学んでいましたが、ふとしたきっかけで、お互いに名を名乗りあった後、彼は言いました、

「日曜学校に来ないか……」

わたしは目を白黒しました。日曜学校など、生まれて初めて聞いた言葉であり、どこにあって、何をする所か全く分からなかったのです。

すると彼は、丁寧《ていねい》に教えてくれました。

駒沢大学の部活動の一つに「児童教育部（通称・児教）」というのがあり、その児教は東京都内数カ所の曹洞宗寺院の協力を得て、それぞれに日曜学校を開いている、毎週日曜日に部員は

配属された日曜学校に出勤?して、集まってくる子供たちと一緒に仏さまにお参りをして、後、遊んだり勉強したりする、駒沢大学の中でも、伝統を誇る部活動であり、児教出身の先輩には錚々《そうそう》たる人々がいる、などと……

そして彼は、以後のわたしの人生を決定づけてくれた素晴らしい話を聞かせてくれました、「君は駒沢大学を卒業したら、僧侶か教員になるだろう。その時のために、最も大切なことは、しっかりした話術を身に付けることだ。説教のできない僧侶や、話の下手な教員などは、その資格がないとも言える。

日曜学校は、話術を磨くためには最高の場所だ。

大人は礼儀作法を心得ているから、どんな拙《つたな》い話をしても、黙って聞いていてくれる。しかし、子供たちはそんなうまい具合にはいかない。少しでも下手な話、少しでも面白くない話をすると、忽《たちま》ちガヤガヤと騒ぎ始める。その極めて厳しい反応を示す子供たちに、四十五分間、聞き耳を立てさせることができたならば、それこそ素晴らしい話術の持ち主といえる。その話術は僧侶として法話をするときにも、教師として教壇に立つときにも、きっと役立つことと思う。子供にしっかり話ができるならば、大人相手の話など楽なものだ。

日曜学校では、毎回、子供たちの前で童話を話さなければならないが、その訓練を積むことによって、四十五分間でも六十分でも子供たちを釘《くぎ》付けにできる話術を習得することができる。

どうだ、日曜学校に来てみないか……」

極めて説得力のある話でした。わたしはいっぺんで参ってしまいました。そして、早速、児童教育部へ入部し、日曜学校へ連れて行ってもらうことにしました。

わたしが配属された日曜学校は、世田谷区経堂にある福昌寺《ふくしょうじ》というお寺の日曜学校でした。毎日曜日午前八時に出勤?して、子供たちと一緒に半日を過ごします。先ず、本堂に正坐して瞑想《めいそう》します。擦《す》り切れて針音がシャーシャーと入るレコードのトロイメライを耳にしながら、心を落ち着けます。終戦直後の何もない頃でしたから、たとえ雑音のひどいレコードでも宝物であり、また、心の底に響く美しい音色として聞こえました。瞑想から醒めると、みんなで般若心経を誦し、そして、園長先生の訓話を聞きます。

訓話のあと、オルガンの伴奏で、みんなで歌ったのが、『修証義の歌』でした。歌詞は大人向けの少々難しい歌でしたが、子供たちは一所懸命歌っていました。

ここまでが朝の礼拝で、それが終わると童話や人形劇・紙芝居などをして、昼まで子供たちと一緒に遊びました。

修証義の歌……

作詞は、修証義を編纂された「大内青巒《おおうちせいらん》居士」です。

『正法眼蔵』を七回も精読して修証義を編纂されただけあって、短い歌詞の中に修証義各章の要旨が見事にまとめあげてあります。

作曲は、四竈《しかま》仁通という方ですが、資料には「旋律《せんりつ》」と記してあり、編曲者として深沢一郎《ふかざわいちろう》先生のお名前が付けられてあります。現在、梅花流のご詠歌として、新しい曲で歌われていますが、わたしにとっては極めて違和感があり、日曜学校の頃に歌った「修証義の歌」こそほんものだと思っています。

歌詞を紹介します。（　）の中は、修証義各章の名称です。

修証義の歌　　大内青巒　作詞

一　（懺悔滅罪）

ふりにし世々の　罪とがは
　深雪《みゆき》の如く　深くとも
悔《く》ゆる心の　朝日には
　消えて跡《あと》なく　なりぬべし

二　（受戒入位）

三世《みよ》の仏の　み掟《おきて》を
　正しく受けて　疑わぬ
人はそのまま　仏なり
　我が身ながらに　尊しや

三　（発願利生）

我は仏に　ならずとも
　生きとし生ける　ものみなを
もらさず救い　たすけんと
　誓う心ぞ　仏なる

四　（行持報恩）

朝な夕《ゆう》なに　人みなの
　身のほどほどに　する業《わざ》を
仏の深き　御恩《みめぐみ》に

報《むく》い奉《まつ》るぞ　たのしけれ

歌詞の文体は、いわゆる明治調であり、いささか古めかしい感じがしますが、それがかえって荘重な趣《おもむき》になっていると思います。何れにせよ、わたしにとっては青春時代のかけがえのない思い出の歌の一つであり、修証義との出会いの歌、そして、畏友・江川辰三老師に巡り会えた大切な歌です。

三十四回にわたって「修証義を読む」を書き続け、ようやく筆を置くこのときに当たって、万感の思いをこめて、この「修証義の歌」を紹介させていただきました。どうぞ、わたしの心中をお察し下さいまして、この歌詞をお読み下さいますようお願い申し上げます。

余談になりますが、江川老師の勧めで童話の話術を身につけさせていただいたお蔭で、今、あちこちから講演のお招きを受けたり、テレビやラジオでも度々話をさせていただいたりして、嬉しく思っています。

童話の話術の訓練は、夕方近くの頃、道ばたに子供たちを集めてお話を聞かせる「路傍《ろぼう》童話」が主体でした。リンを振り鳴らして子供たちを集め、童話を話します。自動車も少なく、現在に比べてのんびりした時代でしたから、道ばたに子供たちを集めても、交通の迷惑にはなりませんでした。といっても、お豆腐屋さんのラッパも通りますし、買い物帰りの主婦たちのグループも通って行きます。それらの雑音?にも負けないで、子供たちの心を引きつけ続けることが訓練でした。現代のように、テレビやテレビゲームもない頃でしたから、子供たちは熱心に聞いてくれましたが、それでも道ばたでの童話は、そんなに簡単なものではありませんでした。

また、日曜学校でガリ版刷りの「日曜学校新聞」を毎週書いたお蔭で、文章を書くことや編集のまね事にも馴《な》れ、現在の『雲龍寺報』の基礎も築かせていただきました。

時折、「毎月の雲龍寺報、さぞ大変でしょうね」という慰《なぐさ》めのお言葉をいただきますが、わたしとしては青春時代の延長として取り組んでいますので、楽しみの一つでこそあれ、些《いささ》かの苦労もありません。

もし、江川辰三老師に出会わなかったならば、そして、日曜学校というものを知らなかったならば、わたしは人前で話などできない人間になり、寺報など考えもしない住職になっていたことと思います。そんな意味で、江川老師から頂戴したご恩は量り知れぬものがあり、改めて、心から感謝の意を捧げたいと思います。

と同時に、人間は自分を導いてくれる師友（師として敬う友人）にめぐり会うことがどんなに大切なことであるかを、声を大にして皆さんにお伝えしたいと思うのです。

おわりに……

三十四回にわたって書いてきました『修証義』ですが、今一度読み返してみますと、書き足らなかったところもあり、言わずもがなのところもあり、忸怩《じくじ》たる思いに駆られています。すべて、わたしの未熟さによるものと、反省しております。

しかしながら、わたしとして精一杯取り組み続けたつもりです。一人でも多くの方が『修証義』を心のよりどころとして、また、真実の幸福《しあわせ》への道しるべとして、親しんで下さるよう心の底から願いながら書きました。

現在の日本の社会に、最も欠落しているのは、『修証義』に縷々《るる》述べてある「自分自身への厳しい反省と洞察、そして、人々に対する暖かい慈悲心」だと思います。そんな意味で、『修証義』こそは、日本を立て直すための最も優れた手引書だと信じて疑いません。

『修証義』は、一応、曹洞宗の基本経典となっていますが、いわゆる宗派の枠を超えて読むべき経典であり、また、全ての人々に受け入れられる力のある経典だと信じています。

どうぞ、一人でも多くの方が『修証義』によって、真実の幸福《しあわせ》へたどり着かれますように……

主な参考文献

1、現代語訳・修証義　水野弥穂子　著
月刊雑誌『大法輪』第四十七巻　第十一号

2、修証義講話　水野弘元　著（曹洞宗宗務庁発行）

3、現代語訳　正法眼蔵　増谷文雄　著（角川書店発行）

付録

修《しゅ》証《しょう》義《ぎ》

第《だい》一《いっ》章《しょう》 総《そう》序《じょ》

生《しょう》を明《あき》らめ死《し》を明《あき》らむるは仏家《ぶっけ》一大事《いちだいじ》の因縁《いんねん》なり、生死《しょうじ》の中《なか》に仏《ほとけ》あれば生死《しょうじ》なし、但《ただ》生死《しょうじ》即《すなわ》ち涅槃《ねはん》と心得《こころえ》て、生死《しょうじ》として厭《いと》うべきもなく、涅槃《ねはん》として欣《ねご》うべきもなし、是時《このとき》初《はじ》めて生死《しょうじ》を離《はな》るる分《ぶん》あり、唯《ただ》一大事因縁《いちだいじいんねん》と究尽《ぐうじん》すべし。人身《にんしん》得《う》ること難《かた》し、仏法《ぶっぽう》値《お》うこと希《ま》れなり、今我等《いまわれら》宿善《しゅくぜん》の助《たす》くるに依《よ》りて、已《すで》に受《う》け難《がた》き人身《にんしん》を受《う》けたるのみに非《あら》ず、遇《あ》い難《がた》き仏法《ぶっぽう》に値《あ》い奉《たてまつ》れり、生死《しょうじ》の中《なか》の善生《ぜんしょう》、最勝《さいしょう》の生《しょう》なるべし、最勝《さいしょう》の善身《ぜんしん》を徒《いたず》らにして露命《ろめい》を無常《むじょう》の風《かぜ》に任《まか》すること勿《なか》れ。無常憑《むじょうたの》み難《がた》し、知《し》らず露命《ろめい》いかなる道《みち》の草《くさ》にか落《お》ちん、身《み》已《すで》に私《わたくし》に非《あら》ず、命《いのち》は光陰《こういん》に移《うつ》されて暫《しばら》くも停《とど》め難《がた》し、紅顔《こうがん》いずくへか去《さ》りにし、尋《たず》ねんとするに蹤跡《しょうせき》なし、熟観《つらつらかん》ずる所《ところ》に往事《おうじ》の再《ふたた》び逢《お》うべからざる多《おお》し、無常忽《むじょうたちま》ちに到《いた》るときは国王《こくおう》大臣親暱従僕妻子珍宝《だいじんしんじつじゅうぼくさいしちんぽう》たすくる無《な》し、唯独《ただひと》り黄泉《こうせん》に趣《おもむ》くのみなり、己《おの》れに随《したが》い行《ゆ》くは只是《ただこ》れ善悪業等《ぜんあくごうとう》のみなり。今《いま》の世《よ》に因果《いんが》を知《し》らず業報《ごうほう》を明《あき》らめず、三世《さんぜ》を知《し》らず、善悪《ぜんあく》を弁《わき》まえざる邪見《じゃけん》の党侶《ともがら》には群《ぐん》すべからず、大凡因《おおよそいん》果《が》の道理《どうり》歴然《れきねん》として私《わたくし》なし、造悪《ぞうあく》の者《もの》は堕《お》ち修善《しゅぜん》の者《もの》は陞《のぼ》る、毫釐《ごうり》も忒《たが》わざるなり、若《も》し因果《いんが》亡《ぼう》じて虚《むな》しからんが如《ごと》きは、諸仏《しょぶつ》の出世《しゅっせ》あるべからず、祖師《そし》の西来《せいらい》あるべからず。善《ぜん》悪《あく》の報《ほう》に三時《さんじ》あり、一者順現報受《ひとつにはじゅんげんほうじゅ》、二者順次《ふたつにはじゅんじ》生受《しょうじゅ》、三者順後次受《みつにはじゅんごじじゅ》、これを三時《さんじ》という、仏《ぶっ》祖《そ》の道《どう》を修習《しゅじゅう》するには、其最初《そのさいしょ》より斯三時《このさんじ》の業報《ごっぽう》の理《り》を効《なら》い験《あき》らむるなり、爾《しか》あらざれば多《おお》く錯《あやま》りて邪見《じゃけん》に堕《お》つるなり、但《ただ》邪見《じゃけん》に堕《お》つるのみに非《あら》ず、悪道《あくどう》に堕《お》ちて長時《ちょうじ》の苦《く》を受《う》く。当《まさ》に知《し》るべし今生《こんじょう》の我身《わがみ》二《ふた》つ無《な》し、三《み》つ無《な》し、徒《いたず》らに邪見《じゃけん》に堕《お》ちて虚《むなし》く悪業《あくごう》を感得《かんとく》せん、惜《おし》からざらめや、悪《あく》を造《つく》りながら悪《あく》に非《あら》ずと思《おも》い、悪《あく》の報《ほう》あるべからずと邪思惟《じゃしゆい》するに依《よ》りて悪《あく》の報《ほう》を感得《かんとく》せざるには非《あら》ず。

第《だい》二《に》章《しょう》 懺《さん》悔《げ》滅《めつ》罪《ざい》

仏祖《ぶっそ》憐《あわれ》み の余《あま》り広大《こうだい》の慈門《じもん》を開《ひら》き置《お》けり、是《こ》れ一切衆生《いっさいしゅじょう》を証入《しょうにゅう》せしめんが為《た》めなり、人天《にんでん》誰《たれ》か入《い》らざらん、彼《か》の三時《さんじ》の悪業報《あくごうほう》必《かなら》ず感《かん》ずべしと雖《いえど》も、懺悔《さんげ》するが如《ごと》きは重《おも》きを転《てん》じて軽受《きょうじゅ》せしむ、又《また》滅罪清浄《めつざいしょうじょう》ならしむるなり。然《しか》あれば誠心《じょうしん》を専《もっぱ》らにして前仏《ぜんぶつ》に懺悔《さんげ》すべし、恁麼《いんも》するとき前仏《ぜんぶつ》懺悔《さんげ》の功徳力《くどくりき》我《われ》を拯《すく》いて清浄《しょうじょう》ならしむ、此《この》功徳《くどく》能《よ》く無礙《むげ》の浄信精進《じょうしんしょうじん》を生長《しょうちょう》せしむるなり、浄信《じょうしん》一現《いちげん》するとき、自佗《じた》同《おなじ》く転《てん》ぜらるるなり、其《その》利益《りやく》普《あま》ねく情非情《じょうひじょう》に蒙《こう》ぶらしむ。其大旨《そのだいし》は、願《ねが》わくは我《わ》れ設《たと》い過去《かこ》の悪業《あくごう》多《おお》く重《かさ》なりて障道《しょうどう》の因縁《いんねん》ありとも、仏道《ぶつどう》に因《よ》りて得道《とくどう》せりし諸仏諸祖《しょぶつしょそ》我《われ》を愍《あわれ》みて業累《ごうるい》を解脱《げだつ》せしめ、学道《がくどう》障《さわ》り無《な》からしめ、其功徳《そのくどく》法門《ほうもん》普《あま》ねく無尽法界《むじんほっかい》に充満弥綸《じゅうまんみりん》せらん、哀《あわれ》みを我《われ》に分布《ぶんぶ》すべし、仏祖《ぶっそ》の往昔《おうしゃく》は吾等《われら》なり、吾等《われら》が当来《とうらい》は仏祖《ぶっそ》ならん。我昔所造諸悪業《がしゃくしょぞうしょあくごう》、皆由無始貪瞋痴《かいゆうむしとんじんち》、従身口意之所生《じゅうしんくいししょしょう》、一切我今皆懺悔《いっさいがこんかいさんげ》、是《かく》の如《ごと》く懺悔《さんげ》すれば必《かなら》ず仏祖《ぶっそ》の冥助《みょうじょ》あるなり、心念身儀《しんねんしんぎ》発露白仏《ほつろびゃくぶつ》すべし、発露《ほつろ》の力《ちから》罪根《ざいこん》をして銷殞《しょういん》せしむるなり。

第三章《だいさんしょう》　受戒入位《じゅかいにゅうい》

次《つぎ》には深《ふか》く仏法僧《ぶつぽうそう》の三宝《さんぼう》を敬《うやま》い奉《たてまつ》るべし、生《しょう》を易《か》え身《み》を易《か》えても三宝《さんぼう》を供養《くよう》し敬《うやま》い奉《たてまつ》らんことを願《ねご》うべし、西天東土仏祖正伝《さいてんとうどぶっそしょうでん》する所《とこ》は恭敬仏法僧《くぎょうぶっぽうそう》なり。若《も》し薄福少徳《はくふくしょうとく》の衆生《しゅじょう》は三宝《さんぼう》の名字《みょうじ》猶《な》お聞《き》き奉《たてまつ》らざるなり、何《いか》に況《いわん》や帰依《きえ》し奉《たてまつ》ることを得《え》んや、徒《いたず》らに所逼《しょひつ》を怖《おそ》れて山神鬼神等《さんじんきじんとう》に帰依《きえ》し、或《あるい》は外道《げどう》の制多《せいた》に帰依《きえ》すること勿《なか》れ、彼《かれ》は其《その》帰依《きえ》に因《よ》りて衆苦《しゅく》を解脱《げだつ》すること無《な》し、早《はや》く仏法僧《ぶっぽうそう》の三宝《さんぼう》に帰依《きえ》し奉《たてまつ》りて、衆苦《しゅく》を解脱《げだつ》するのみに非《あら》ず菩提《ぼだい》を成就《じょうじゅ》すべし。其《その》帰依《きえ》三宝《さんぼう》とは正《まさ》に浄信《じょうしん》を専《もっぱ》らにして、或《あるい》は如来現在世《にょらいげんざいせ》にもあれ、或《あるい》は如来滅後《にょらいめつご》にもあれ、合掌《がっしょう》し低頭《ていず》して口《くち》に唱《とな》えて云《いわ》く、南無帰依仏《なむきえぶつ》、南無帰依法《なむきえほう》、南無帰依僧《なむきえそう》、仏《ほとけ》は是《こ》れ大師《だいし》なるが故《ゆえ》に帰依《きえ》す、法《ほう》は良薬《りょうやく》なるが故《ゆえ》に帰依《きえ》す、僧《そう》は勝友《しょうゆう》なるが故《ゆえ》に帰依《きえ》す、仏《ぶつ》弟子《でし》となること必《かなら》ず三帰《さんき》に依《よ》る、何《いず》れの戒《かい》を受《う》くるも必《かなら》ず三帰《さんき》を受《う》けて其後《そののち》諸戒《しょかい》を受《う》くるなり、然《しか》あれば則《すなわ》ち三帰《さんき》に依《よ》りて得戒《とくかい》あるなり。此《この》帰依《きえ》仏法僧《ぶっぽうそう》の功徳《くどく》、必《かなら》ず感応道交《かんのうどうこう》するとき成就《じょうじゅ》するなり、設《たと》い天上人間《てんじょうにんげん》地獄鬼畜《じごくきちく》なりと雖《いえど》も、感応道交《かんのうどうこう》すれば必《かなら》ず帰依《きえ》し奉《たてまつ》るなり、已《すで》に帰依《きえ》し奉《たてまつ》るが如《ごと》きは生生世世在在処《しょうしょうせせざいざいしょ》処《しょ》に増長《ぞうちょう》し、必《かなら》ず積功累徳《しゃっくるいとく》し、阿耨多羅三藐《あのくたらさんみゃく》三菩提《さんぼだい》を成就《じょうじゅ》するなり、知《し》るべし三帰《さんき》の功徳《くどく》其《そ》れ最尊最上甚深不可思議《さいそんさいじょうじんじんふかしぎ》なりということ、世尊《せそん》已《すで》に証明《しょうみょう》しまします、衆生《しゅじょう》当《まさ》に信受《しんじゅ》すべし。次《つぎ》には応《まさ》に三聚浄戒《さんじゅじょうかい》を受《う》け奉《たてまつ》るべし、第《だい》一摂律儀戒《いちしょうりつぎかい》、第二《だいに》摂善法戒《しょうぜんぼうかい》、第三《だいさん》摂衆生戒《しょうしゅじょうかい》なり、次《つぎ》には応《まさ》に十重禁戒《じゅうじゅうきんかい》を受《う》け奉《たてまつ》るべし、第《だい》一不殺生戒《いちふせっしょうかい》、第二不偸盗戒《だいにふちゅうとうかい》、第三不邪婬戒《だいさんふじゃいんかい》、第四不妄語戒《だいしふもうごかい》、第五不酤酒戒《だいごふこしゅかい》、第六不説過戒《だいろくふせっかかい》、第七不自讃毀佗戒《だいしちふじさんきたかい》、第八不慳法財戒《だいはちふけんほうざいかい》、第九不《だいくふ》瞋恚戒《しんいかい》、第十不謗三宝戒《だいじゅうふぼうさんぼうかい》なり、上来三帰《じょうらいさんき》、三《さん》聚浄戒《じゅじょうかい》、十重禁戒《じゅうじゅうきんかい》、是《こ》れ諸仏《しょぶつ》の受持《じゅじ》したまう所《ところ》なり。受戒《じゅかい》するが如《ごと》きは、三世《さんぜ》の諸仏《しょぶつ》の所《しょ》証《しょう》なる阿耨多羅三藐三菩提金剛不壊《あのくたらさんみゃくさんぼだいこんごうふえ》の仏果《ぶっか》を証《しょう》するなり、誰《たれ》の智人《ちにん》か欣求《ごんぐ》せざらん、世尊《せそん》明《あき》らかに一切衆生《いっさいしゅじょう》の為《ため》に示《しめ》しまします、衆生《しゅじょう》仏戒《ぶっかい》を受《う》くれば、即《すなわ》ち諸仏《しょぶつ》の位《くらい》に入《い》る、位大《くらいだい》覚《がく》に同《おな》うし已《おわ》る、真《まこと》に是《こ》れ諸仏《しょぶつ》の子《みこ》なりと。諸仏《しょぶつ》の常《つね》に此中《このなか》に住持《じゅうじ》たる、各各《かくかく》の方面《ほうめん》に知《ち》覚《かく》を遺《のこ》さず、群生《ぐんじょう》の長《とこしな》えに此中《このなか》に使用《しよう》する、各各《かくかく》の知覚《ちかく》に方面露《ほうめんあらわ》れず、是時十方法界《このときじっぽうほっかい》の土《と》地草木牆壁瓦礫皆仏事《ちそうもくしょうへきがりゃくみなぶつじ》を作《な》すを以《もっ》て、其起《そのおこ》す所《ところ》の風水《ふうすい》の利益《りやく》に預《あずか》る輩《ともがら》、皆甚妙不可思議《みなじんみょうふかしぎ》の仏化《ぶっけ》に冥資《みょうし》せられて親《ちか》き悟《さとり》を顕《あら》わす、是《これ》を無《む》為《い》の功徳《くどく》とす、是《これ》を無作《むさ》の功徳《くどく》とす、是《こ》れ発《ほっ》菩提心《ぼだいしん》なり。

第四章《だいよんしょう》　発願利生《はつがんりしょう》

菩提心《ぼだいしん》を発《おこ》すというは、己《おの》れ未《いま》だ度《わた》らざる前《さき》に一切衆生《いっさいしゅじょう》を度《わた》さんと発願《ほつがん》し営《いとな》むなり、設《たと》い在家《ざいけ》にもあれ、設《たと》い出家《しゅっけ》にもあれ、或《あるい》は天上《てんじょう》にもあれ、或《あるい》は人間《にんげん》にもあれ、苦《く》にありというとも楽《らく》にありというとも、早《はや》く自未得度先《じみとくどせん》度佗《どた》の心《こころ》を発《おこ》すべし。其形陋《そのかたちいや》しというとも、此心《このこころ》を発《おこ》せば、已《すで》に一切衆生《いっさいしゅじょう》の導師《どうし》なり、設《たと》い七歳《しちさい》の女流《にょりゅう》なりとも即《すなわ》ち四衆《ししゅ》の導師《どうし》なり、衆生《しゅじょう》の慈父《じふ》なり、男女《なんにょ》を論《ろん》ずること勿《なか》れ、此《こ》れ仏道《ぶつどう》極妙《ごくみょう》の法則《ほうそく》なり。若《も》し菩提心《ぼだいしん》を発《おこ》して後《のち》、六趣《ろくしゅ》四生《ししょう》に輪転《りんでん》すと雖《いえど》も、其《その》輪転《りんでん》の因縁《いんねん》皆《みな》菩提《ぼだい》の行願《ぎょうがん》となるなり、然《しか》あれば従来《じゅうらい》の光陰《こういん》は設《たと》い空《むなし》く過《すご》すというとも、今生《こんじょう》の未《いま》だ過《す》ぎざる際《あい》だに急《いそ》ぎて発願《ほつがん》すべし、設《たと》い仏《ほとけ》に成《な》るべき功徳《くどく》熟《じゅく》して円満《えんまん》すべしというとも、尚《な》お廻《めぐ》らして衆生《しゅじょう》の成仏《じょうぶつ》得道《とくどう》に回向《えこう》するなり、或《あるい》は無量劫《むりょうごう》行《おこな》いて衆生《しゅじょう》を先《さき》に度《わた》して自《みず》からは終《つい》に仏《ほとけ》に成《な》らず、但《ただ》し衆生《しゅじょう》を度《わた》し衆生《しゅじょう》を利益《りやく》するもあり。衆生《しゅじょう》を利益《りやく》すというは四枚《しまい》の般《はん》若《にゃ》あり、一者《ひとつには》布施《ふせ》、二者《ふたつには》愛語《あいご》、三者《みつには》利行《りぎょう》、四者《よつには》同事《どうじ》、是《こ》れ則《すなわ》ち薩埵《さった》の行願《ぎょうがん》なり、其《その》布施《ふせ》というは貪《むさぼ》らざるなり、我物《わがもの》に非《あら》ざれども布施《ふせ》を障《さ》えざる道理《どうり》あり、其物《そのもの》の軽《かろ》きを嫌《きら》わず、其功《そのこう》の実《じつ》なるべきなり、然《しか》あれば則《すなわ》ち一句《いっく》一《いち》偈《げ》の法《ほう》をも布施《ふせ》すべし、此生《ししょう》佗生《たしょう》の善種《ぜんしゅ》となる、一銭《いっせん》一草《いっそう》の財《たから》をも布施《ふせ》すべし、此世《しせ》佗世《たせ》の善根《ぜんごん》を兆《きざ》す、法《ほう》も財《たから》なるべし、財《たから》も法《ほう》なるべし、但《ただ》彼《かれ》が報謝《ほうしゃ》を貪《むさぼ》らず、自《みず》からが力《ちから》を頒《わか》つなり、舟《ふね》を置《お》き橋《はし》を渡《わた》すも布施《ふせ》の檀度《だんど》なり、治生《ちしょう》産業《さんぎょう》固《もと》より布施《ふせ》に非《あら》ざること無《な》し。愛語《あいご》というは、衆生《しゅじょう》を見《み》るに、先《ま》ず慈愛《じあい》の心《こころ》を発《おこ》し、顧愛《こあい》の言語《ごんご》を施《ほどこ》すなり、慈念《じねん》衆生《しゅじょう》猶如《ゆうにょ》赤子《しゃくし》の懐《おも》いを貯《たくわ》えて言語《ごんご》するは愛語《あいご》なり、徳《とく》あるは讃《ほ》むべし、徳《とく》なきは憐《あわれ》むべし、怨敵《おんてき》を降《ごう》伏《ぶく》し、君子《くんし》を和睦《わぼく》ならしむること愛語《あいご》を根本《こんぽん》とするなり、面《むか》いて愛語《あいご》を聞《き》くは面《おもて》を喜《よろこ》ばしめ、心《こころ》を楽《たの》しくす、面《むか》わずして愛語《あいご》を聞《き》くは肝《きも》に銘《めい》じ魂《たましい》に銘《めい》ず、愛語《あいご》能《よ》く廻天《かいてん》の力《ちから》あることを学《がく》すべきなり。利行《りぎょう》というは貴賤《きせん》の衆生《しゅじょう》に於《お》きて利益《りやく》の善巧《ぜんぎょう》を廻《めぐ》らすなり、窮亀《きゅうき》を見《み》病雀《びょうじゃく》を見《み》しとき、彼《かれ》が報謝《ほうしゃ》を求《もと》めず、唯単《ただひと》えに利行《りぎょう》に催《もよ》おさるるなり、愚人《ぐにん》謂《おも》わくは利佗《りた》を先《さき》とせば自《みず》からが利省《りはぶか》れぬべしと、爾《しか》には非《あら》ざるなり、利行《りぎょう》は一法《いっぽう》なり、普《あま》ねく自佗《じた》を利《り》するなり。同事《どうじ》というは不違《ふい》なり、自《じ》にも不違《ふい》なり、佗《た》にも不違《ふい》なり、譬《たと》えば人間《にんげん》の如《にょ》来《らい》は人間《にんげん》に同《どう》ぜるが如《ごと》し、佗《た》をして自《じ》に同《どう》ぜしめて後《のち》に自《じ》をして佗《た》に同《どう》ぜしむる道理《どうり》あるべし、自佗《じた》は時《とき》に随《したご》うて無窮《むきゅう》なり、海《うみ》の水《みず》を辞《じ》せざるは同事《どうじ》なり、是故《このゆえ》に能《よ》く水《みず》聚《あつま》りて海《うみ》となるなり。大凡《おおよそ》菩提心《ぼだいしん》の行願《ぎょうがん》には是《かく》の如《ごと》くの道理《どうり》静《しず》かに思惟《しゆい》すべし、卒爾《そつじ》にすること勿《なか》れ、済度《さいど》摂受《しょうじゅ》に一切衆生《いっさいしゅじょう》皆《みな》化《け》を被《こう》ぶらん功徳《くどく》を礼拝《らいはい》恭敬《くぎょう》すべし。

第五章《だいごしょう》　行持報恩《ぎょうじほうおん》

此《この》発菩提心《ほつぼだいしん》、多《おお》くは南閻浮《なんえんぶ》の人身《にんしん》に発心《ほっしん》すべきなり、今是《いまかく》の如《ごと》くの因縁《いんねん》あり、願生此娑婆《がんしょうししゃば》国土《こくど》し来《きた》れり、見釈迦牟尼仏《けんしゃかむにぶつ》を喜《よろこ》ばざらんや。静《しず》かに憶《おも》うべし、正法《しょうぼう》世《よ》に流布《るふ》せざらん時《とき》は、身命《しんめい》を正法《しょうぼう》の為《ため》に抛捨《ほうしゃ》せんことを願《ねご》うとも値《お》うべからず、正法《しょうぼう》に逢《お》う今日《こんにち》の吾等《われら》を願《ねご》うべし、見《み》ずや、仏《ほとけ》の言《のたま》わく、無上菩提《むじょうぼだい》を演説《えんぜつ》する師《し》に値《あ》わんには、種姓《しゅしょう》を観《かん》ずること莫《なか》れ、容顔《ようがん》を見《み》ること莫《なか》れ、非《ひ》を嫌《きろ》うこと莫《なか》れ、行《おこない》を考《かんが》うること莫《なか》れ、但《ただ》般若《はんにゃ》を尊重《そんじゅう》するが故《ゆえ》に、日日三時《にちにちさんじ》に礼拝《らいはい》し、恭敬《くぎょう》して、更《さら》に患悩《げんのう》の心《こころ》を生《しょう》ぜしむること莫《なか》れと。今《いま》の見仏聞法《けんぶつもんぼう》は仏《ぶつ》祖面面《そめんめん》の行持《ぎょうじ》より来《きた》れる慈恩《じおん》なり、仏祖《ぶっそ》若《も》し単伝《たんでん》せずば、奈何《いか》にしてか今日《こんにち》に至《いた》らん、一《いっ》句《く》の恩《おん》尚《な》お報《ほう》謝《しゃ》すべし、一《いっ》法《ぽう》の恩《おん》尚《な》お報《ほう》謝《しゃ》すべし、況《いわん》や正《しょう》法《ぼう》眼《げん》蔵《ぞう》無《む》上《じょう》大《だい》法《ほう》の大《だい》恩《おん》これを報《ほう》謝《しゃ》せざらんや、病《びょう》雀《じゃく》尚《な》お恩《おん》を忘《わす》れず三《さん》府《ぷ》の環《かん》能《よ》く報《ほう》謝《しゃ》あり、窮《きゅう》亀《き》尚《な》お恩《おん》を忘《わす》れず余《よ》不《ふ》の印《いん》能《よ》く報《ほう》謝《しゃ》あり、畜《ちく》類《るい》尚《な》お恩《おん》を報《ほう》ず、人《じん》類《るい》争《いか》でか恩《おん》を知《し》らざらん。其《その》報《ほう》謝《しゃ》は余《よ》外《げ》の法《ほう》は中《あた》るべからず、唯《ただ》当《まさ》に日《にち》日《にち》の行《ぎょう》持《じ》、其《その》報《ほう》謝《しゃ》の正《しょう》道《どう》なるべし、謂《いわ》ゆるの道《どう》理《り》は日《にち》日《にち》の生《せい》命《めい》を等《なお》閑《ざり》にせず、私《わたくし》に費《つい》やさざらんと行《ぎょう》持《じ》するなり。光《こう》陰《いん》は矢《や》よりも迅《すみや》かなり、身《しん》命《めい》は露《つゆ》よりも脆《もろ》し、何《いず》れの善《ぜん》巧《ぎょう》方《ほう》便《べん》ありてか過《す》ぎにし一《いち》日《にち》を復《ただ》び還《かえ》し得《え》たる、徒《いたず》らに百《ひゃく》歳《さい》生《い》けらんは恨《うら》むべき日《じつ》月《げつ》なり、悲《かな》むべき形《けい》骸《がい》なり、設《たと》い百《ひゃく》歳《さい》の日《じつ》月《げつ》は声《しょう》色《しき》の奴《ぬ》婢《び》と馳《ち》走《そう》すとも、其《その》中《なか》一《いち》日《にち》の行《ぎょう》持《じ》を行《ぎょう》取《しゅ》せば一《いっ》生《しょう》の百《ひゃく》歳《さい》を行《ぎょう》取《しゅ》するのみに非《あら》ず、百《ひゃく》歳《さい》の佗《た》生《しょう》をも度《ど》取《しゅ》すべきなり、此《この》一《いち》日《にち》の身《しん》命《めい》は尊《とうと》ぶべき身《しん》命《めい》なり、貴《とうと》ぶべき形《けい》骸《がい》なり、此《この》行《ぎょう》持《じ》あらん身《しん》心《じん》自《みずか》らも愛《あい》すべし、自《みず》からも敬《うやま》うべし、我《われ》等《ら》が行《ぎょう》持《じ》に依《よ》りて諸《しょ》仏《ぶつ》の行《ぎょう》持《じ》見《げん》成《じょう》し、諸《しょ》仏《ぶつ》の大《だい》道《どう》通《つう》達《だつ》するなり、然《しか》あれば即《すなわ》ち一《いち》日《にち》の行《ぎょう》持《じ》是《こ》れ諸《しょ》仏《ぶつ》の種《しゅ》子《し》なり、諸《しょ》仏《ぶつ》の行《ぎょう》持《じ》なり。謂《いわ》ゆる諸《しょ》仏《ぶつ》とは釈《しゃ》迦《か》牟《む》尼《に》仏《ぶつ》なり、釈《しゃ》迦《か》牟《む》尼《に》仏《ぶつ》是《こ》れ即《そく》心《しん》是《ぜ》仏《ぶつ》なり、過《か》去《こ》現《げん》在《ざい》未《み》来《らい》の諸《しょ》仏《ぶつ》、共《とも》に仏《ほとけ》と成《な》る時《とき》は必《かなら》ず釈《しゃ》迦《か》牟《む》尼《に》仏《ぶつ》と成《な》るなり、是《こ》れ即《そく》心《しん》是《ぜ》仏《ぶつ》なり、即《そく》心《しん》是《ぜ》仏《ぶつ》というは誰《たれ》というぞと審《しん》細《さい》に参《さん》究《きゅう》すべし、正《まさ》に仏《ぶつ》恩《おん》を報《ほう》ずるにてあらん。

著者略歴

一九二八（昭和3）年金沢生まれ。駒沢大学東洋学部卒業。公立高校勤務二十五年間、養護施設勤務二十一年間を経て現在に至る。雲龍寺住職。金沢南無の会会長。著書に「法華経を拝む」、「般若心経を拝む」、「観音さまのまなざし」、「母のこころ・父母恩重経を拝む」などがある。

修証《しゅしょう》義《ぎ》を読《よ》む

——幸福《しあわせ》への道《みち》しるべ

二〇〇〇年十月二五日　第一刷

著　者　荒《あら》崎《さき》良《りょう》徳《とく》

発行者　佐藤今朝夫

発行所　株式会社国書刊行会

郵便番号　一七四―〇〇五六

東京都板橋区志村一―十三―十五

電　話　〇三―五九七〇―七四二一

FAX　〇三―五九七〇―七四二七

http://www.kokusho.co.jp

e-mail:info@kokusho.co.jp

組　版　サン巧芸社

印　刷　㈱エーヴィス・システムズ

製　本　㈲青木製本

ISBN4-336-04282-9　Printed in Japan

法華経を拝む（全３巻）

荒崎良徳著　　四六判・上製　定価：各本体1800円＋税

多々ある法華経に関する書物とは大きく異なり、本書は「諸経の王」法華経の有難さ、力強さを自らの感動と共に易しく語った法話集の決定版である。生きる勇気と元気が出る人生の指南書。（上＝190頁，中＝160頁，下＝190頁）

仏陀から道元への道
――インド・ネパール仏蹟巡礼記

駒沢女子大学学長　東　隆眞著

仏教学・曹洞宗学の泰斗である著者が、道元禅師がひたすら追い求めた釈尊の仏教の世界を、このたび初めて訪れたインド・ネパールの仏蹟に探究する。数多くの仏典・研究書を平易な言葉で紹介し、諸処の仏蹟に関連した道元禅師の言葉を現代語に訳して配した。法話の題材として、また道元思想入門にも最適の一書。

四六判・総二九六頁　定価：本体一八〇〇円＋税

青少年に伝えたい　地獄と極楽のはなし

佐藤一一《かずいち》著

大人から子供まで楽しめて、ためになる地獄と極楽のお話。老骨に鞭打って粉骨砕身、日本経済のために死ぬまで力を尽くした土光敏夫が極楽に生まれ変わる話。地下鉄駅構内に毒物を撒き散らし、多くの無辜の人々を死に追いやった教祖Aが地獄で閻魔大王の裁きを受ける話。同級生をいじめ、恐喝したB子、友達の自転車を盗んだC男、平凡な人生だが立派に五人の子供を育て上げたD子……。

ご存知、地獄の閻魔様が、有名無名の亡者達を、地獄のお白州に引き出して、快刀乱麻の名判決。モラルの低下が叫ばれる今だからこそ読んでおきたい、著者の深い仏教知識に裏付けられた現代説話物語。少年法は甘くても、地獄の鬼はゆるさない！

Ａ５判・総三六〇頁　定価：本体二〇〇〇円＋税